Googleスプレッドシート/Excelで学ぶ

高校情報I×数学×探究授業
大学入試対策のための

中高生からの
データサイエンス

聖光学院中学校高等学校数学科・情報科教諭　**名塩隆史**◉著

CUTT
カットシステム

はじめに

　本書は，著者の勤務校での「データサイエンス」に関する授業用教材として独自に作成してきたものをまとめたものです。最初 2017 年度に，探究授業内で「表計算の手法」を計 4 時間で授業をすることになり，本書の第 2 章を書き下ろしました。その後新課程の「情報 I」の授業準備を視野に，旧課程の「情報の科学」および探究授業用に，2020 年頃に第 3 章〜第 5 章を作成，さらに 2022 年度からの「情報 I」「数学 I・B の統計分野」の内容に対応すべく，第 6 章〜第 8 章の大半を作成，以後「情報」＋「理数探究」の定期試験の実施のたびに作問を続けて，本書の完成に至ります。

　第 2 章の作成は比較的スムーズであったものの，専門家でもない故，第 5 章〜第 7 章の素材となるデータを集めるところは時間を要しました。拙著の Python を用いたプログラミングの教材作成も同時進行であったこともあり，Excel 以外にも参考文献で紹介する Pandas を活用した書籍から授業に使えそうな素材をピックアップすることで，ひとまず授業用教材は完成しました。その後，独立行政法人統計センター提供の「教育用標準データセット SSDSE」，および同センターなど共催の「統計データ分析コンペディション」掲載論文を参考にしながら，大学入試を見据えた独自の定期試験問題を作成してきました。

本書の特徴について

　本書は「情報 I」「数学 I・B の統計領域」さらには「探究授業」の教科融合型授業用教材として書き下ろしています。「表計算の基本作法」「数学 I のデータの分析」の理論解説と実践演習にはじまり，100 件以上のレコードからなるいわゆる「ビッグデータ」を用いた分析過程を複数掲載しています。データは「購買データ」「都道府県データ」「乱数による生成データ」を均等に扱い，これらの分析を追体験することで，各種統計量の扱いに習熟すること，さらには「数学 B の確率統計」の前半の内容（特に「標準偏差」）の感覚的な理解を最終目標としています。また，すでに大学入試センターから公開されている「大学入学共通テスト」の「情報 I」試作問題（および「情報関係基礎」の過去問）を踏まえて，その出題内容を極力網羅することを意識しています。

　多くの類書は，確率統計の「推定」「検定」の扱い方に力点を置いていますが，本書ではその手前の「標準偏差」「相関係数」「正規分布（二項分布）」といった基本概念を身につけることに終始しています。中高生にとって（社会人も？），「これらの概念の定義を覚えることすらままならない」状況である上，「表計算操作」も十分難易度が高く感じられるようで，その目的に合う書籍に出会うことはありませんでした。（探究授業で「仮説検定」に力点を置く節もあるようですが，そもそもその道具の意味が分からない状況で，無理やりしかも「t 検定」まで実習させることに著者は疑問を感じています。）

　限られた授業時間の中で定着させることは想像以上に厳しいですが，分析実習なしの統計の学習は困難であるため，本書では実践を通じての理解に重きを置くことにしています。

随所に「基本の確認問題」を用意しています。特に大学入試に向けて復習する際には，まず第一にこれらの問題に着手することを強くお勧めします。

本書を活用した授業の運営について

著者の勤務校では，「情報 I」と「数学 I のデータの分析」「数学 B の確率統計」，「理数探究（総合的探究の時間の代替科目として実施）」を一つの教科とみなして実施しています。中高 6 か年一貫校の利点を活かして，（教科名は「情報 I」（計 2 単位）+「理数探究」（計 2 単位））

- 中学 3 年（1 単位）本書の第 2 章〜第 4 章を計 15 時間程度で実施
- 高校 1 年（2 単位）本書の第 5 章〜第 7 章を計 12 時間程度 + 定期試験，通年で実施。
- 高校 2 年（1 単位）本書の第 8 章含む確率統計（標本平均・推定・検定）を計 12 時間程度で実施

のように，「細く長く」時間をかけて実施しています（それ以外の時間は Python プログラミングをはじめとする情報 I の内容に充てています）。加えて 2022 年度より「地理総合」と連携して，「地域の統計分析（統計地図作成）と実地調査」の探究型授業（7.8 参照）も実施しています。

また，高校 1 年次には定期試験を年 3 回，高校 2 年次には 5 回行い，毎回表計算・統計分析に関する独自の問題を作成して出題しています。本書の「基本の確認問題」などで，その一部を公開しています。

本書で扱うデータとサポートサイトについて

本書のデータは，政府統計の総合窓口（ポータルサイト）「e-Stat」と独立行政法人統計センターサイト掲載の「教育用標準データセット SSDSE」を除いては，著者が独自で作成したものを扱っています。特に購買データについては，SSDSE などで掲載されている月別データをもとに，日別データを作成しました。結論自体は月別データ同等のものが得られるとは思いますが，あくまでもデータ分析の練習用としてご活用ください。本書に掲載しているデータおよび，分析結果は Excel ファイルとして，下記サイトに掲載していますので，適宜ご活用ください。

https://cutt.jp/books/978-4-87783-610-8

至らない点は多々あるかと存じますが，数年間勤務校での授業用教材として制作および活用していますので，前著「中高生からの Python プログラミング」と併せて少しでもお役に立てれば幸いです。

2024 年 2 月吉日

名塩　隆史

目 次

第1章

データサイエンスで必要な「数の感覚」

　データの分析において計算が重要であるのは当然のことですが，数学の問題を解くときに使う「感覚」とは異なる点がいくつかあり，学ぶ上でも意識しておく必要があります。

1.1 数学とデータサイエンスの違い・共通点

　統計学・データの分析は，数を扱う学問であるとの理由から数学の一分野と認識されることが多いですが，実際に学んだり指導したりしようとすると，違和感を覚えることが多々あります。その要因として次の 1 〜 3 が挙げられます。

1. 数学よりも数を見る。「ざっくりとした値の把握，特に単位と桁数」が重要！

　中学高校以上の数学では文字を扱った議論が中心となり，基本的に公式も文字で表現されます。そして証明された公式や定理を，具体的な数値を用いて表現された問題に活用していきます。しかしこの問題で登場する数値は，10 以下の数であることがほとんどです。計算の結果大きな数値が登場することがあるものの，理科の有効数字のように，その桁数について考え，示された数値の大きさをイメージするということはほぼ行いません。さらには「測定誤差」や「近似値」といったことについても，日本の数学ではあまり扱われることはありません。

　「文字を使った一般化・抽象化しての議論が多い」「数の桁数を考えて，具体的な大きさのイメージをつかむことがない」「近似値よりも正確な値を重視」という 3 点が，データの分析の際に大きく異なるポイントとなります。

　それに対して，データの分析は「極めて具体的な場面」を扱うため，「具体的な計算，それも手計算では及ばない "きれいではない" 値を扱う（= 計算機は必須）ことが多い」のが一つ目の特徴。そして，お金やモノのサイズなど計量に重きを置いた話になるので，正確な値よりも「桁数」の正確さが何よりも重要で，かつそれが実際のイメージ通りであるのかどうかが重要になります。したがって，単位にも注目することが大切です（そもそも日本の数学では「単位」をそぎ落とすことが多いです）。

2. 実際の数をみるか比を見るかで結論が異なる。特に「比の運用力がカギ」

　起こった事故の数について報道されることが多くありますが，その値が過去の同様の事故の件数や，日本の人口と比較するなどを行わないと，その数値が大きいのか小さいのか判断することは難しくなります。（人口の多さと人口密度の高さは必ずしも同じ内容を意味するわけではありません。）つまり，「割合・比を用いて既知の数値を比べる」ことを自ら行って判断する姿勢が大切になります。数学の問題でも比を求めさせる場面がありますが，その答えを求めたらそれで終わりになることがほとんどで，その値が意味することまで考察するのが，データの分析の結論としては必要になります。

特に，統計では「四分位範囲」「標準偏差」や「相関係数」といった数値を計算しますが，その値を求めて終わるのではなく，その値が何を意味するのかについて考えることが大切になります。「何かと比較する」という視点が重要になるので，「比」を積極的に扱うことが求められます。

3. 演繹法よりも帰納法に重きを置く

「一般・抽象」から「具体的な場面」に適用していく推論のことを「演繹法」というのに対し，「具体的な現象」から「法則化などの抽象化」を目指す推論を「帰納法」といいます。数学的議論は基本的には「演繹法」に属します。「数学的帰納法」という手法がありますが，これも「演繹法」に属すものであり，「帰納法」の要素は「自然数 n について成り立つ式や法則を推測する」するプロセスにあります（数学的帰納法を学ぶ初期段階では，証明すべき式が与えられているため，「予想する」プロセスに触れる機会はしばらくの間有りません）。

データ分析は，具体的な数値情報から何かしらの特徴を見出していく，法則化するプロセスを経ていくので，「帰納法」による推論が続くことになります。

以上の３点については，日本の中学高校の数学で扱う問題の内容と大きく異なりますので，そのことは十分に意識する必要があります。そのため，データの分析の単元は，「数学を教える・学ぶ」というよりは「理科」それも「実験（表計算）とその結果の考察から学んでいく」姿勢に切り替えることが重要と考えています。もちろん，統計量の性質の導出に数学は欠かせませんが，それはあくまで一部に過ぎません。

以上が「数学の一分野として統計を学ぶ」ことに違和感を覚える主な理由です。一方で，数学と同等，あるいはそれ以上に意識する必要があるのが以下の２点です。

4. 言葉・統計量の定義を正確に把握する，特に数式の解釈が重要（共通点）

先ほどの２で述べたことと重なりますが，「四分位数」「標準偏差」「相関係数」といった統計量の定義がわかっていることはもちろんのこと，「そこから算出された値が何を意味するのか」が分からないようでは，数学の問題（値を求める）に答えられたとしても，やっていることの意味がつかめているとは言えません。「三角関数や導関数の定義が言える」ことと同じように，これらの統計量の定義は説明できる必要があります。何より「Σ記号」に慣れることが必要です（本書では最終章を除いて数学 B「数列」が未習であることを前提にしていますが，定義をより深く理解するには「Σ記号」の習熟，特に「Σ記号の読解力」は必須であると考えています）。

特に本書では「標準偏差」の値の感覚をつかむことを重視しています。8.5 であげる「数学 B の確率統計」の内容の理解の肝は「標準偏差」（8.4 で詳述）にあります。

　最後に，分析の結果得られた結論を示すのに最もふさわしいグラフはどれか，「円グラフ」「折れ線グラフ」「棒グラフ」「帯グラフ」といったよく見るグラフでも，目的に応じた使い分けが必要であることは言うまでもありません。数学の記述答案でも，言葉や数式ではなく「イメージ」で考えている部分は多いので，「図は説明の一部」として捉えること自体重要です。

　以上が，本書の中心となる内容についての留意点になります。一方，本書で扱う分析内容については，そこから特段の有益な情報を得ることがない素材に扱いを限定しています。あくまで，「数値のデータから特徴を発見する」ということに力点を置いていますので，「結果の解釈」あるいは「問題提起」の部分についての詳述は，本書の主旨から外れますので，最小限に留めています。余力があれば，「探究授業」の一環として，取り組んでみるとよいでしょう。

1.2　フェルミ推定

実際にあった生徒同士の対話（食材の発注量）

　勤務校の文化祭での食品販売の統括をしている部門長・副部門長の高校生2人が，発注した食材の購入リストを確認していた時の話である。その中にクレープを販売するお店のリストに，「シナモンの小瓶200」という表記があった。文化祭はわずか2日間の日中の開催である。これに気づいた副部門長が，「なんでこんなに発注するんだ。2日しかないのに」と部門長の確認不足を指摘していた。（もちろん0が多かったのですが，それでも多いです。）

　このように，学校の中では「正確な数値計算」を求められますが，「ざっくりとした概算を行い，その数値がどの程度の量を表すのかを物理的に想像する」機会は日本の場合非常に少ないように思います。日常生活で数値計算を活かす上ではまず，ざっくり計算して，どのくらいの桁数になるのかを推定することが，重要となります。ここで紹介するのは**フェルミ推定**として知られる思考法です。

　まずは，簡単な問題から。

例題 1.1

東京と大阪間の道のりは大体どのくらいか推定しなさい。（大阪－博多間などでも構いません。）

東大生でも 100km と答えた人が続出したようです。知っている知識を活用して，考えてみてください。次は Google の入社試験問題として話題となった問題です。

例題 1.2

日本に電柱は何本あるか推定しなさい。

例題 1.1 の解答例

東京・新大阪間は大体 2 時間半かかります。例えば新幹線の平均速度は 230km 程度であると見積もると，575km と推定できます。実際は新幹線で 550km といわれます。直線距離ではもっと短くなります。（もちろんここで利用した数値をどの程度と見積もるか，あるいは知っているかで誤差は生じます。あくまでざっくり量を推定することが目的です。）

例題 1.2 の解答例 1（生徒の多くが行う推定）

日本の 1 世帯は 4 人程度で，1 世帯に 1 本程度の電柱の配分があると考えて，

1 億 2 千万 [本] ÷ 4 [本 / 人] = 3000 万 [本]

例題 1.2 の解答例 2（書籍などでよく見る解答例）

都市部と郊外では，電柱の間隔が異なることをイメージします。

仮に，都市部が日本の国土面積の 10%，田舎が 20%，残りは森林（面積 7 割であることが知られています）であるとします。

都市部では 50m 四方の正方形内に 1 本，田舎では 200m 四方の正方形内に 1 本，
森林部では送電目的で，田舎と同じ程度の面積に，同じ割合で存在すると仮定します。
日本の国土面積は約 38 万 km^2 であること（これも知識として使います）から，

都市部は 38000km^2 で，電柱は 38000 ÷ (50 × 50 × 10^{-6}) = 15200000[本]

田舎は 76000km^2 で，電柱は 76000 ÷ (200 × 200 × 10^{-6}) = 1900000[本]

森林部も同数であると考えます。

したがって，15200000+1900000 × 2 = 1900 万 [本]

実際には 3000 万台の数値であるといわれています。解答例 2 でも，桁数は誤りではないので，短時間での推定としては十分といえそうです。

　これらの他にも，「住んでいる市の面積」「ファストフード店の数」など題材は身近なもので十分ですので，いくつか試しに推定してみるといいでしょう。

　実際に社会人にならないと，住宅価格ですら想像つかないかとは思いますが，企画を立ち上げる際の費用の見積もりについて，少なくとも桁数レベルである程度の見通しがつかめることは必要になります。また，データを分析していく中で，入力の間違えなどで「どう考えてもあり得ない数値が出力されてしまう」ことはよくあります。ここであげたような「桁数の感覚」を意識しているかどうかは，エラーの発見にもつながっていきます。

第**2**章

表計算の基礎

ここでは，最低限必要である表計算の技法について紹介します。本書は Google スプレッドシートを使用しますが，Microsoft の表計算ソフト Excel でも，グラフの描画を除いてほぼ同じ手法で実装することができます。

2.0 Google スプレッドシートのファイルを作る

　Google のアカウントにログインした後，Google のホーム画面右上の「9 つ点をクリックする」，もしくは「『スプレッドシート』で Google 検索」すると，「Google スプレッドシート」のホーム画面が表示されます。まずは「空白」のファイルを選択して，新しいスプレッドシートを表示します。

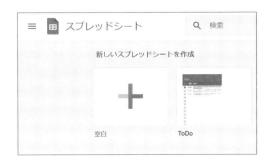

　まず左上の「無題のスプレッドシート」を選択して，タイトルをつけましょう（「テスト」で構いません）。

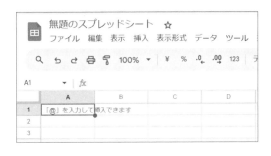

　また，ウインドウ画面の基本的な使い方にはなりますが，画面最左上の Google スプレッドシート（ここでは「テスト -Google スプレッドシート」）のタブ右横の「＋」をクリックすると，新しいタブが開いて，いくつかの画面を同時に参照することができるようになります。Google 検索などを併用することが多くあるので，使えるようにしましょう。

　作成したファイルは「マイドライブ」（Google ホーム画面右上の 9 つ点をクリックして「ドライブ」をダブルクリックすると表示）内に自動保存されます。その中の必要なファイルをダブルクリックするか，スプレッドシートホーム画面に表示される「最近利用したシート一覧」から選択する方法でファイルを開くことができます。（※初学者は当面の間は気にしなくて構いません。）

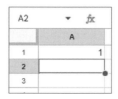

2.1 セル入力とオートフィル

スプレッドシートの画面を開くと，図のような長方形の枠で構成される**シート**というものが開きます。この長方形の枠を**セル**といいます。左上のセルを「A1」とし，それから下に向かって順に「A2」「A3」「A4」「A5」……，右隣の列は上から順に「B1」「B2」「B3」……と名前が付けられます。マウスでクリックしたセルをアクティブセルといい，A1 セルの上欄（fx の横）に入力した内容（この場合「A2」セルに入力した「j」）が表示されます。

各セルには，文字や数値を入力することができます。試しに A1 セルに，半角数字で「1」と入力してください。入力したら Enter キー（↵）を押すと確定（矢印キーで他のセルに移動しても OK）し，下のセルがアクティブセルになります。

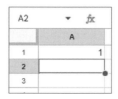

ドラッグとオートフィル

次に，再び A1 セルをマウスでクリックし，A1 セルの右下にマウスのポインタを合わせてください。すると，マウスポインタが十字マーク（**フィルハンドル**）に変わります。この状態で**マウスの左ボタンを押し，そのままマウスを真下に動かしていく**と（この操作を**ドラッグ**という），入力した「1」が下方のセルにコピーされていくことが分かります。

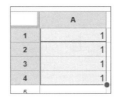

　再び各セルのデータを消去（Backspace）して，A1 セルに「1」，A2 セルに「2」を半角数字で入力します。入力したら再び A1 セルをクリックし，A1 セルの真ん中あたりでマウスの左ボタンを押したまま A2 セルの真ん中付近までマウスを動かす（ドラッグする）と，左下図のように，A2 が網掛け（**範囲選択・コピーペーストと同じ要領**）になります。この状態（左クリックしないこと！）のまま，マウスを A2 セルの右下に十字キーが出るよう合わせ，先ほどと同じように下方にドラッグすると，今度は「1，2，3，4，……」と表示されることが分かります。

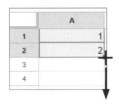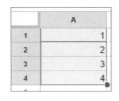

　他にも，A1 セルに「日」，A2 セルに「月」と入力して同様の操作を行うと，「日，月，火，水……」と曜日が入力されることが分かります。ドラッグは縦でなく，横方向（A1，B1，C1，……）に行うことでも同様の結果が得られます。この一連の操作を**「オートフィル」（重要語）**といい，多くのデータを入力する上での重要な操作となります。

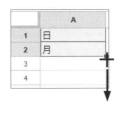

入力したセルのデータを一気に消す方法

　上の図（曜日入力）の場合，A1 から E1 のセルを範囲選択（A1 の真ん中を左クリックしたまま E1 までマウスをドラッグ）したまま，「編集」タブをクリックし，「値の削除」でできます。もしくは，A1 セルを Backspace で空白にして，オートフィルを実行しても構いません。

A1 セルに「1」，A2 セルに「3」を入力して，A1，A2，A3，A4……セルにオートフィルを行うとどうなるか。

2.2 セルでの数値計算

セルに「2+3」と入力して Enter キーを押しても，「2+3」という文字列が入力されるだけです（左下図）。そこで，「=2+3」と「=」**をつけて演算を入力**してみましょう（2，3といった数字は必ず半角にします）。Enter キーを押すと「5」が表示されます。

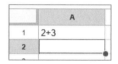

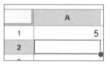

たし算，引き算は「+」「-」で構いませんが，かけ算は「*」（「:」と Shift を同時押し），わり算は「/」を使います。入力した数式は，右下図のように「fx」の右欄に表示され，ここに演算式を入力することも可能です。

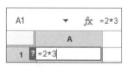
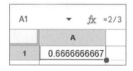

また，演算の優先度を表す「かっこ」は全て小かっこ「（ ）」を用います。（中かっこ，大かっこといった区別はありません。）

例えば次図は「{(2 + 3) × 4 + 2} × 3」を表します。

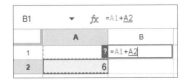

2.3 セル参照を利用した数値計算（オートフィル・最重要）

まず A1 セルに「3」，A2 セルに「6」を入力し，B1 セルに「=A1+A2」を入力（入力中に A1，A2 セルをクリックすると自動的に演算式に A1，A2 が表示）して Enter キーを押すと，A1，A2 セルに入力してある値が代入されて，「9」という値を返します。

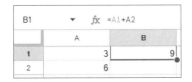

B1 セルの式はそのままで，A1，A2 セルの値を 2，5 に変えると，B1 セルの計算結果も変わります。

このように，セルの名前で演算式を作っておくと，セルの数値が変わるたびにその値を反映した演算結果に変えてくれます。これを**セル参照**といいます。

セル参照を利用して，$(3 + 6) \times 3 + 6$，$(2 + 5) \times 2 + 5$ を計算しなさい。

練習

セル参照を利用して，いくつか計算しなさい。

例題 2.1 の解答例

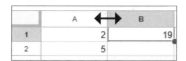
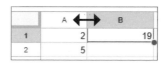

セル幅の調整

A，B のラベルのセルの境界線上にマウスポインタを移動すると，マウスポインタの形状が次図のように両矢印に変わります。この状態でマウスの左ボタンを押し，境界線を左に移動させるようにドラッグすると，A 列の幅を狭めることができます。

また，A，B のセルを範囲選択して 2 列全体が選択されている状態で，A，B の両セルの境界線をマウスの左ボタンでドラッグすると，2 列同時にセルの幅を調整することができます。

セル参照にオートフィル

まず，A1 〜 A10 にオートフィルでそれぞれ 1 〜 10 の数値を，B1 〜 B10 に 3 〜 12 の数値を入れます。

C1 に「=A1+B1」を入力して Enter キーを押し，再び C1 をクリックしてオートフィルを実行してみます。すると，C2 には「A2+B2」が，C3 には「A3+B3」が……というように，演算式中のセルの行番号が 1 つずつずれていき，各行で A 列 B 列の数値の和が計算され，その結果が C

列に表示されていることが観察できます。

	A	B
1	1	3
2	2	4
3	3	
4	4	
5	5	
6	6	
7	7	
8	8	
9	9	
10	10	

C1　　▼　　fx　=A1+B1

	A	B	C
1	1	3	4
2	2	4	
3	3	5	
4	4	6	
5	5	7	
6	6	8	
7	7	9	
8	8	10	
9	9	11	
10	10	12	

C1:C10　　▼　　fx　=A1+B1

	A	B	C
1	1	3	4
2	2	4	6
3	3	5	8
4	4	6	10
5	5	7	12
6	6	8	14
7	7	9	16
8	8	10	18
9	9	11	20
10	10	12	22

　　縦横入れ替えても同じようなことができます。1 行目の A1, B1, C1, ……, G1 に 1 〜 7 を，A2, B2, C2, ……, G2 に 1, 3, 5, 7, 9, 11, 13 をオートフィルで入力し，A3 に「=A1+A2」を入力します。A3, B3, C3, ……にオートフィルを実行すると，同じような結果が得られます。例えば，B3 は「=B1+B2」，C3 は「=C1+C2」のように演算式中のアルファベットが変わっていることがわかります。

	A	B	C	D	E	F	G
1	1	2	3	4	5	6	7
2	1	3					

A3:G3　　▼　　fx　=A1+A2

	A	B	C	D	E	F	G
1	1	2	3	4	5	6	7
2	1	3	5	7	9	11	13
3	2	5	8	11	14	17	20

例題 2.2

りんご，みかん，ももの値段がそれぞれ100円, 40円, 200円で，それぞれ2個, 3個, 1個買うとき合計いくらになりますか，表を作成して，その表を埋めるようにして計算しなさい。

	A	B	C	D
1		値段（円）	個数	計
2	りんご	100	2	
3	みかん	40	3	
4	もも	200	1	
5			合計	

例題 2.3（応用・階乗）

$n = 1, 2, 3, \cdots$ それぞれについて，$n!\ (= 1 \times 2 \times 3 \times \cdots \times n)$ の値を順に出力しなさい。

例題 2.4（応用・フィボナッチ数列）

1, 1, 2, 3, 5, 8, 13, 21, 34, …… はフィボナッチ数列として知られていて，前2つの数の和をとると次の数になるように作られています。フィボナッチ数列の値を，最初の値から順に出力しなさい。

例題 2.2 の解答例

　まず，D2 にりんごの合計金額を出力します。その後，D2 からオートフィルを行い，D3，D4 にみかんとももの合計金額を出力します。

D2	▼	*fx* =B2*C2		
	A	B	C	D
1		値段(円)	個数	計
2	りんご	100	2	200
3	みかん	40	3	
4	もも	200	1	
5			合計	

D4	▼	*fx* =B4*C4		
	A	B	C	D
1		値段(円)	個数	計
2	りんご	100	2	200
3	みかん	40	3	120
4	もも	200	1	200
5			合計	

　最後に，D5 に D2，D3，D4 の和を出力（=D2+D3+D4）しておわりです。

D5	▼	*fx* =D2+D3+D4		
	A	B	C	D
1		値段(円)	個数	計
2	りんご	100	2	200
3	みかん	40	3	120
4	もも	200	1	200
5			合計	520

例題 2.3 の解答例

　まず A 列に，1 ～ 10 をオートフィルで入力。B1 に 1（「=A1」でも可）を入力。B2 に「=A2*B1」（= 2 × 1）を入力。B2 から下に向けてオートフィルを行うと，B3 は「=A3*B2」（= 3 ×（2 × 1）），B4 は「=A4*B3」（=4 ×（3 × 2 × 1）），……となっていくことがわかります。

B2	▼	*fx* =A2*B1
	A	B
1	1	1
2	2	2
3	3	
4	4	
5	5	
6	6	
7	7	
8	8	
9	9	
10	10	

B2:B10	▼	*fx* =A2*B1
	A	B
1	1	1
2	2	2
3	3	6
4	4	24
5	5	120
6	6	720
7	7	5040
8	8	40320
9	9	362880
10	10	3628800

A1, A2 に 1 を入力し, A3 に「=A1+A2」(= 2) を入力します。あとは A3 から真下にオートフィルを実行すると, A4 は「=A2+A3」(= 1 + 2), A5 は「=A3+A4」(= 2 + 3), A6 は「=A4+A5」(= 3 + 5)……となっていきます。

A3	▼	fx	=A1+A2
		A	
1		1	
2		1	
3		2	

A7	▼	fx	=A5+A6
		A	
1		1	
2		1	
3		2	
4		3	
5		5	
6		8	
7		13	
8		21	
9		34	
10		55	
11		89	

2.4 絶対参照（$ マークの活用・最重要）

セル参照のオートフィル機能は便利ですが,「=A1*A2」のオートフィルを行うと,「=A2*A3」,「=A3*A4」……とかけ算しているセル名の数値両方がずれてしまいます。

B2	▼	fx	=A1*A2
		A	**B**
1		1	
2		2	2
3		3	
4		4	
5		5	
6		6	
7		7	
8		8	
9		9	
10		10	

B10	▼	fx	=A9*A10
		A	**B**
1		1	
2		2	2
3		3	6
4		4	12
5		5	20
6		6	30
7		7	42
8		8	56
9		9	72
10		10	90

片方（例えば A1）だけ動かないように「=A1*A3」，「=A1*A4」……とするには，固定したいセルの名前「A1」のラベルの前に $ をつけて「$A$1」としてから，オートフィルを行うとうまくいきます。（**実際には A は変わらないので 1 の前だけ「A$1」で十分**です。むしろ片方にしないとオートフィルで失敗する場合があります。→例題 2.5）

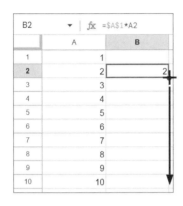 

　このように，$ をつけてセルの参照を固定することを**絶対参照**といいます。

例題 2.5（絶対参照の基本）

　次図のように 1 行目に入力したあと，A2 セルに「=A1*B1」と入力して，A2 セルから F2 セルまでオートフィルをかけます。

（1）B2 ～ F2 の出力結果を予想して，正しいかどうかを実装して確認しなさい。
（2）A2 セルに「=A1*$B1」と入力して，A2 セルから F2 セルまでオートフィルをかけます。出力結果を予想して，正しいかどうかを実装して確認しなさい。

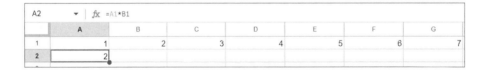

例題 **2.6** （かけ算九九の表）

絶対参照とオートフィル機能を活用して，

（1）3 の段の表を作成しなさい。

（2）かけ算九九の表を作成しなさい。（やや難。解答を見ても構いません）

ヒント：（2）は $ マークをどこにつけるかがポイントです。太枠内に出力しなさい。

例題 2.5 の解答例

（1）A2 セルに「=A1*B1」を入力してオートフィルを行うと，B2 は「=B1*C1」，C2 は「=C1*D1」
と列名が 1 つずつずれていきます。

F2	▼	*fx*	=F1*G1			
	A	B	C	D	E	F	G
1	1	2	3	4	5	6	7
2	2	6	12	20	30	42	

（2）A2 セルに「=A1*$B1」を入力してオートフィルを行うと，B2 は「=B1*$B1」，C2 は「=C1*$B1」
と左のセル名のアルファベットだけが 1 つずつずれていきます。

F2	▼	*fx*	=F1*$B1			
	A	B	C	D	E	F	G
1	1	2	3	4	5	6	7
2	2	4	6	8	10	12	

（1）B4 セルに「=B1*\$A4」（または「=B1*\$A\$4」）を入力して，I 列までオートフィルを行います。

（2）B2 セルに「=\$A2*B\$1」と入力します。（オートフィルの効果に合わせてそれぞれ片方のラベルに \$ マークをつける）そして，B2 セルから横方向に I2 までオートフィルを行います。（C2 は「=\$A2*C\$1」，D2 は「=\$A2*D\$1」となっていきます。）

J2	▼	fx =\$A2*J\$1								
	A	B	C	D	E	F	G	H	I	J
1		1	2	3	4	5	6	7	8	9
2	1	1	2	3	4	5	6	7	8	9

次に，B2 から J2 を範囲選択（B2 の真ん中あたりをクリックして J2 までドラッグ）し，そのまま J2 から J9 にかけてオートフィルを行う（全列一斉にオートフィルが行われます）と完成します。

B2:J2	▼	fx =\$A2*B\$1								
	A	B	C	D	E	F	G	H	I	J
1		1	2	3	4	5	6	7	8	9
2	1	1	2	3	4	5	6	7	8	9

B2:J10	▼	fx =\$A2*B\$1								
	A	B	C	D	E	F	G	H	I	J
1		1	2	3	4	5	6	7	8	9
2	1	1	2	3	4	5	6	7	8	9
3	2	2	4	6	8	10	12	14	16	18
4	3	3	6	9	12	15	18	21	24	27
5	4	4	8	12	16	20	24	28	32	36
6	5	5	10	15	20	25	30	35	40	45
7	6	6	12	18	24	30	36	42	48	54
8	7	7	14	21	28	35	42	49	56	63
9	8	8	16	24	32	40	48	56	64	72
10	9	9	18	27	36	45	54	63	72	81

（各セルの演算式を掲載・「=」は省略）

	A	B	C	D	E	F	G	H	I
1		1	2	3	4	5	6	7	8
2	1	\$A2*B\$1	\$A2*C\$1	\$A2*D\$1	\$A2*E\$1	\$A2*F\$1	\$A2*G\$1	\$A2*H\$1	\$A2*I\$1
3	2	\$A3*B\$1	\$A3*C\$1	\$A3*D\$1	\$A3*E\$1	\$A3*F\$1	\$A3*G\$1	\$A3*H\$1	\$A4*I\$1
4	3	\$A4*B\$1	\$A4*C\$1	\$A4*D\$1	\$A4*E\$1	\$A4*F\$1	\$A4*G\$1	\$A4*H\$1	\$A4*I\$1

2.5 関数の利用

和の計算，平均，四捨五入，累乗など，四則演算では煩わしい計算については，関数（ここでは計算ツールの意味）が用意されています。例として和と平均の計算について扱います。（統計に関するものは第4章で詳しく扱います。）

和と平均の関数

図のように1行目に適当に5つの数値を入力し，A2 セルにこれらの和を，B2 セルにこれらの平均を出力することを考えます。

和を出力するために「SUM」という関数が用意されています（summation（和）に由来）。括弧内には計算するセルの範囲をコロン「:」を用いて表します。ここでは

```
=SUM(A1:E1)
```

と入力します。なお，括弧内の範囲は，A1 から E1 セルを範囲選択（A1 セルの真ん中付近をクリックしたまま E1 セルへドラッグ）することでも入力できます。

A2	▼	_fx_	=SUM(A1:E1)		
	A	B	C	D	E
1	20	40	60	80	100
2	=SUM(A1:E1)				

重要な注意

SUM(A1,E1) のように，「:」でなく「,（カンマ）」にしてしまうと「A1 と E1 の2値の和」になります。

また，和と同じように平均も「AVERAGE」という関数を用いて表現することができます。

先ほどと同様に，「=AVERAGE(A1:E1)」と入力します。

B2	▼	_fx_	=AVERAGE(A1:E1)		
	A	B	C	D	E
1	20	40	60	80	100
2	300	60			

他にもさまざまな関数が用意されていますが，これらの関数の名前を覚える必要はありません。必要になるたびにウェブ検索をすれば十分です。例えば平均に関する関数を調べたいときは，「Excel 平均」と検索すればすぐ AVERAGE が出てきます。やりたい操作法が分からない時は，とりあえず検索しようとする習慣を身に着けてください。

例題 2.7（関数名の検索）

次の数値を出力する関数を web で検索して，計算しなさい。

(1) 円周率

(2) 2 の正の平方根

(3) 2 の 15 乗

(4) 1 ÷ 7 を計算し，四捨五入して小数第 4 位まで答える。

例題 2.8（座標平面上の 2 点間の距離）

座標平面上の 2 点 A(23, 1)，B(3, 16) の距離を表の B3 セルに出力しなさい。

（ヒント：一気にやろうとせず C 列には各座標の差を，D 列には C 列の 2 乗を表示させるなど分けるとよい。）

	A	B
1	23	3
2	1	16
3	AB間の距離	

例題 2.7 の解答例

(1) =PI()

(2) =SQRT(2)

(3) =POWER(2,15) または =2^15

(4) =ROUND(1/7,4)

SQRT は square root（平方根）に由来します。「^」は「ハット」といいます。

例題 2.8 の解答例

C 列に各座標の差を出力，D 列に C 列の値を 2 乗した数を出力（もちろんオートフィルも活用）します。

C1	▼	*fx* =A1-B1

	A	B	C
1	23	3	20
2	1	16	-15

D1	▼	*fx* =C1^2

	A	B	C	D
1	23	3	20	400
2	1	16	-15	225

最後に B3 セルに，D 列の値の和をとって平方根をとった値を出力することで求められます。
具体的には

=SQRT(SUM(D1:D2))

を入力します。

B3	▼	*ƒx*	=SQRT(SUM(D1:D2))	
	A	B	C	D
1	23	3	20	400
2	1	16	-15	225
3	AB間の距離	25		

2.6 ファイルの読み込みとコピー

本節からは，サポートサイトにある **Excel** のデータファイルを読み込んで，学んでいきます。
（本章のデータ数は多くはないので，手入力で用意することも十分可能です。）

ファイルの読み込み

ダウンロードしたフォルダ内のファイル 2.6-2.10.xlsx を，Google のマイドライブ（ある
いはその中のフォルダ）にアップロードします。図のマイドライブ内のフォルダまたはファイル
が表示されている余白で，マウスを**右クリック**して（もしくは**タッチパッドを 2 回軽くたたい**

て），「ファイルのアップロード」を選択します。するとダウンロードフォルダなどのローカルフォルダが開くので，そこから 2.6-2.10.xlsx を選択して，マイドライブに読み込みます。

アップロードしたファイルを開くと，Google スプレッドシートとして開きます。

ファイルのコピーを作成

このまま利用しても構いませんし，［ファイル］→［コピーを作成］を選択すると，マイドライブ（あるいは指定したフォルダ）内に中身がコピーされたファイルが作成されます。これを利用しても構いません。

新規作成のシートにデータをコピー

新しくスプレッドシートを用意して，上記教材内のデータファイルで使う範囲を選択します。この場合 A1:E4 セルなので，マウスの左ボタンで A1 セルから E4 セルまでドラッグして範囲選択します。（A 列から E 列全体の選択も可能です。この場合はシート上端の「A」セルから「E」セルまでドラッグして範囲を選択します。）

マウスを右クリックして（もしくはタッチパッドを2本指でたたいて），「コピー」を選択します（Ctrlキーと C キーの同時押しでも可能）。用意した無題のスプレッドシート（このラベルをダブルクリックすると名前の変更が可能）に移って，再度右クリックして，貼り付けを選択すると，図のようにコピーが完了します。

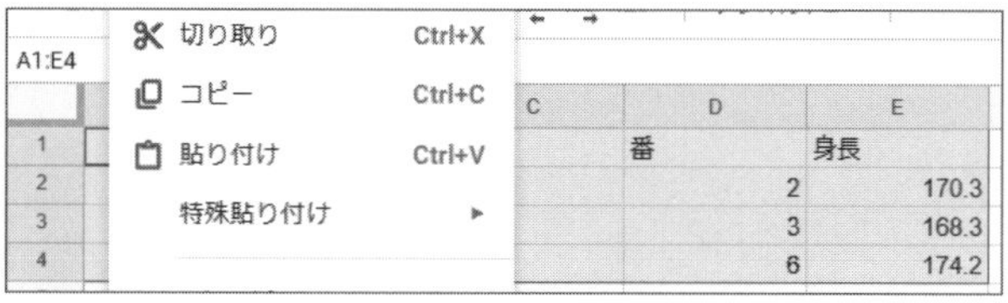

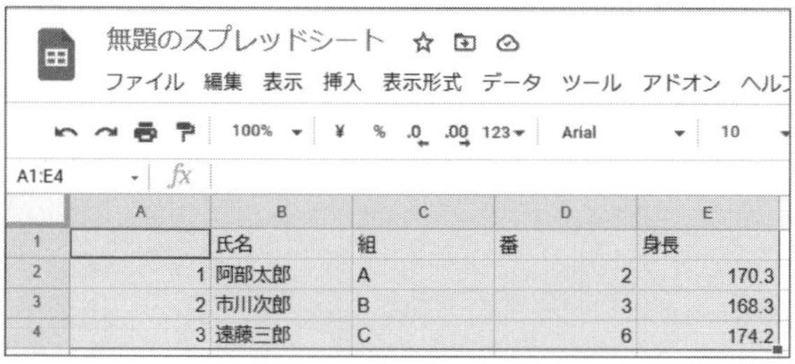

2.7 表の体裁とデータのコピー

セル幅の調整（復習）

例えば下の表で，A，C，D列は数値が1桁ということもあり，セル幅が少し長いため，幅を狭めたい印象があります。このときは，マウスポインタをA，Bセルの境界線に合わせると，図のような「両矢印」のマークにかわり，左ボタンを押したまま両矢印マークを移動させると，A列の幅を調整することができます。

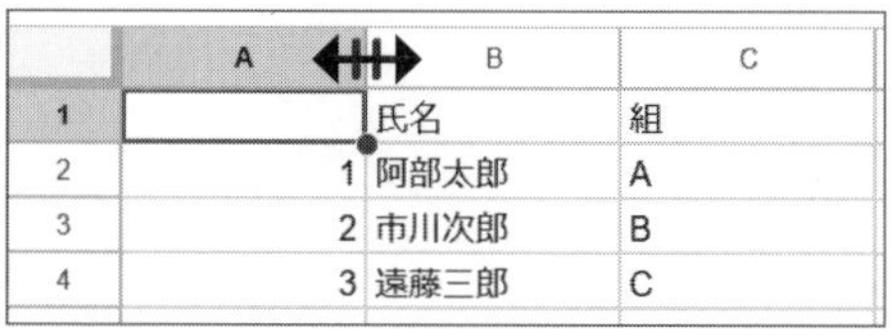

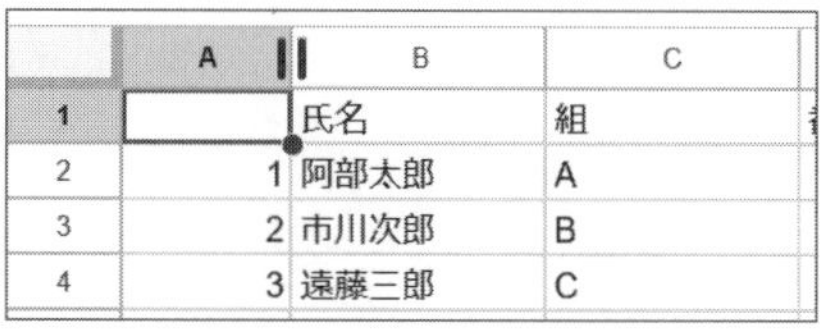

いくつかの列の幅をまとめて調整させたいときは，A〜Eを範囲選択（Aのセルの中央を選択してドラッグ）して，AとBのセルの間にマウスポインタを合わせて，両矢印を動かすと，選択した列の幅が一斉に調整できます。

重要な注意（仕様の変更の可能性について）

　以下，2.9節まで解説する内容について，**Googleスプレッドシートの仕様が随時変更**されています。本書とは異なるアイコンの位置や，タブの場所に変更される可能性があります。それほど大きな支障をきたすことは経験上ないように思いますが，あらかじめご了承ください。

罫線とセルの配色

　例えば，1行目のセルの境界線に罫線を引きたいときは，まず範囲選択をして，図の「枠線」というタブをクリックします。そのうち左上の「すべての枠線」をクリックすると，図のように表示されます。

さらに罫線の太さを調整したいときは，枠線をクリックした後，右下の「点線がいくつか書かれているアイコン」をクリックすると，太さの選択ができます。

枠線の左横のペンキのアイコンで，範囲選択したセルに色を付けることができます。

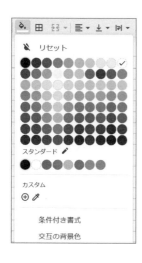

さらに，表内の値の位置をずらしたい（たとえば中央に寄せたい）ときは，枠線のアイコンの右のほうにある［︙］を押して，「水平方向の調整」のアイコンをクリックすると，中央や左寄せに変更することができます。

データのコピーと貼り付け

ある場所に入力されたデータを他の場所やシートに貼り付けるときは，移したいデータの範囲を選択して，右クリック（マウスがない場合はタッチパッドを2本指でたたく）して「コピー」を選択（Ctrl キーと C キーの同時押しでも可）します。貼り付けたい場所の最初のセルを左クリックして，右クリックで「貼り付けのアイコン」を選択すると貼り付けられます（Ctrl キーと V キーの同時押しでも可）。

下表は，7人の中間・期末試験のデータとその平均が計算された表です。C, D 列のデータを F, G 列に移すことを考えます（D2 セルに書かれた，平均点を切り上げする ROUNDUP 関数の表記の仕方も検索するなどして確認しましょう）。

D2		▼	ƒx	=ROUNDUP(AVERAGE(B2:C2),0)		
	A	B	C	D	E	F	G
1	番号	中間	期末	平均		期末	平均
2	1	40	55	48			
3	2	45	60	53			
4	3	68	47	58			
5	4	35	80	58			
6	5	36	82	59			
7	6	75	90	83			
8	7	80	100	90			

　C, D 列を範囲選択し，右クリックでコピー，F 列の F2 セルで右クリックして貼り付けをします。しかし，この「平均」のデータを G 列に移すときには注意が必要です。D 列には関数が入力されているので，G 列に関数式ではなく「出力された値（具体的な点数）」を貼り付けるときは「**特殊貼り付け**」で「値のみ貼り付け」を選択する必要があります。

C1:D8		▼	ƒx	期末				
	A	B	C	D	E	F	G	H
1	番号	中間	期末	平均		期末	平均	
2	1	40	55	48				
3	2	45	60	53				
4	3	68	47	✂ 切り取り			Ctrl+X	
5	4	35	80					
6	5	36	82	⧉ コピー			Ctrl+C	
7	6	75	90					
8	7	80	100	📋 貼り付け			Ctrl+V	

	▼	ƒx	期末				
B	C	D	E	F			
中間	期末	平均		期末	✂ 切り取り		Ctrl+X
40	55	48					
45	60	53			⧉ コピー		Ctrl+C
68	47	58			📋 貼り付け		Ctrl+V
35	80	58			📋 特殊貼り付け	▶ 値のみ貼り付け	Ctrl+Shift+V
36	82	59					

2.8 データのソート（並べ替え）

下の表は，10人の国語と数学の100点満点の試験の成績を表したものです。

	A	B	C
1	番号	国語	数学
2	1	46	37
3	2	38	80
4	3	73	92
5	4	90	82
6	5	67	71
7	6	58	80
8	7	54	23
9	8	69	45
10	9	60	52
11	10	40	79

例えば，数学の成績順にデータを並べ替えることを考えます。まず，データのあるA2〜C11を範囲選択します。

［データ］→［範囲を並べ替え］→［詳細オプション］をクリックすると，下図のように並べ替えのウインドウが開きます。

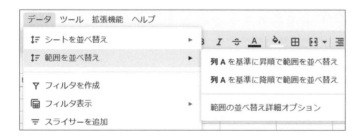

ここでは数学の点数順に並べ替えを行うので，「並べ替え条件」を「列C」にします。また「順序」は「大きい順」なので，「降順」にします。そして「並べ替え」を押すと，並べ替えが完了します。

	A	B	C
1	番号	国語	数学
2	3	73	92
3	4	90	82
4	2	38	80
5	6	58	80
6	10	40	79
7	5	67	71
8	9	60	52
9	8	69	45
10	1	46	37
11	7	54	23

　ここで，数学が 80 点の生徒が 2 人います。この 2 人を国語の点数の成績順にしたいときは，並べ替えのウインドウ内の「並べ替えの基準となる列の追加」をクリックすると，「次の条件」が出ます。列 B を選び，降順にすると，並べ替えることができます。

	A	B	C
1	番号	国語	数学
2	3	73	92
3	4	90	82
4	6	58	80
5	2	38	80
6	10	40	79
7	5	67	71
8	9	60	52
9	8	69	45
10	1	46	37
11	7	54	23

2.9　グラフの描画

重要な注意（Google スプレッドシートと Excel の大きな違いはグラフの描画）

**　Google スプレッドシートと Excel において，最も仕様が異なるのがこのグラフの描画です。本書で扱う Google スプレッドシートのほうが，多くの場合描画は容易となります。本節に限り，Excel で行う場合の手法についても簡単に紹介します。**

　表は，A 店の年代別利用客の割合を調べたものです。円グラフを用いて整理することを考えます。
　まず，A1 〜 B7 セルをマウスの左ボタンでドラッグして範囲選択した状態で，［挿入］→［グラフ］をクリックすると，次のような円グラフが表示されます。画面右端に出るグラフエディ

タ（出ない場合は，グラフ右上の［⋮］をクリック）で，表示したいグラフや，ラベルなどの変更ができます。

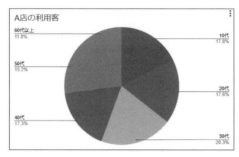

 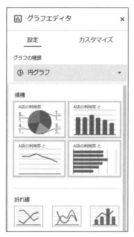

　例えば，グラフの種類を選択すると，グラフの候補が現れ，「折れ線グラフ」を選ぶと下のように表示されます。

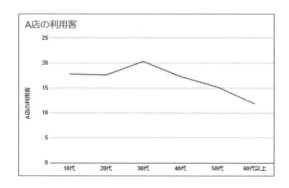

また，「カスタマイズ」でタイトルの変更や，フォント，文字のサイズ，配色などの変更ができます。例えば，凡例でフォントサイズを自動から 18 に変えると，円グラフの文字サイズを大きくすることができます。

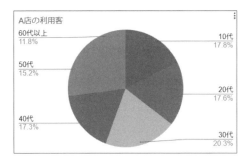

データが表のように 2 種類あるとき（A 店，B 店の年代別利用客の割合）も同様にグラフを作ることができます。この場合は比較対象があるので縦棒グラフにします。

	A	B	C
1		A店の利用客	B店の利用客
2	10代	17.8	10.2
3	20代	17.6	10.4
4	30代	20.3	13.2
5	40代	17.3	17.3
6	50代	15.2	19.2
7	60代以上	11.8	29.7

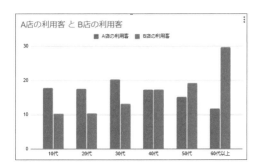

Excel の場合

A1 〜 B7 セルを範囲選択（A1 真ん中を左クリックしたしたまま，B7 までドラッグ）した状態で，［挿入］タブを押すと，右図のような「グラフ」のアイコンが表示されます。多くは用意されているアイコンから選択できますが，見当たらない場合は右下のチェックボタンをクリックします。

	A	B
1		A店の利用客
2	10代	17.8
3	20代	17.6
4	30代	20.3
5	40代	17.3
6	50代	15.2
7	60代以上	11.8

すべてのグラフから「円」を選択して，OK ボタンを押します。

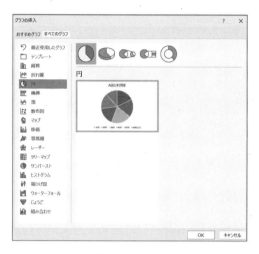

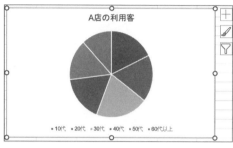

データラベルが欲しいときは，＋ボタンを押して，「データラベル」にチェックマークを入れます。

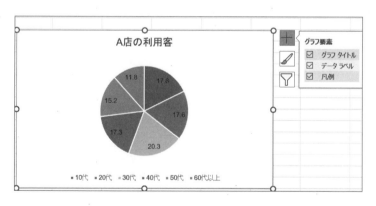

その他の変更は，表示されている「グラフの変更」の選択肢から適宜選ぶことで行えます。

例題 2.9（関数のグラフ）

2 次関数 $y = x^2$ と $y = x^2 - 2x + 1$（$-2 \leqq x \leqq 3$）のグラフを図示しなさい（x 座標は –2 から 0.2 刻みで。折れ線グラフで近似します）。

例題 2.9 の解答例

まず A2，A3 セルを範囲選択して，下方に向けてオートフィルを，3 が出力されるまで行います（A3 セルに「=A2+0.2」と入力してオートフィルでもできます）。

B2	▼	*fx*	=A2^2	
	A	B	C	
1	x	y=x^2	y=x^2-2*x+1	
2	-2	4		
3	-1.8			
4	-1.6			
5	-1.4			
6	-1.2			
7	-1			

B2 セルは「=A2^2」，C2 セルは「=A2^2-2*A2+1」または因数分解して「=(A2-1)^2」を入力して，B2，C2 セルを範囲選択してオートフィルを行います。

A1 〜 C27 セルまで範囲選択して，［挿入］→［グラフ］でグラフエディタを出して，折れ線グラフを選択して描出します。$y = x^2$ を x 軸方向に 1 だけ平行移動すると $y = x^2 - 2x + 1$ になることが確認できます。

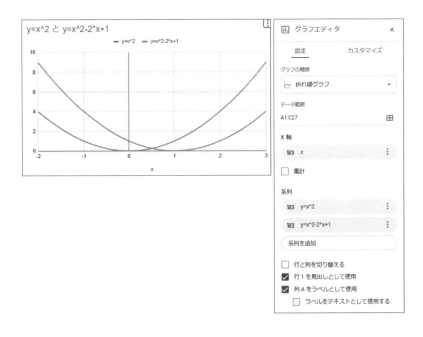

次の問題は，最低限身に着けておくべき表計算スキルを含めています。表計算の復習の際には，まずこの問題を復習しましょう。

問題

	A	B	C	D	E	F	G
1	出席番号	国語	数学	英語	合計点	平均点との差	順位
2	1	80	96	82			
3	2	50	43	70			
4	3	90	35	65			
5	4	75	70	83			
6	5	48	69	80			
7	6	92	99	94			
8	7	74	83	90			
9	8	63	50	73			
10	9	62	89	68			
11	10	85	73	73			
12	各科平均						
13	基準点	60	点				
14	各科平均との基準点の差						

上の表は 10 人の生徒の 3 教科の試験の点数が記載されている表である。以下の順で表を埋めよ。

1. E 列に 3 教科の点数の合計を SUM 関数で出力せよ。
2. B12 セルに国語の平均点を AVERAGE 関数で入力し，C, D, E12 セルにオートフィルで転写せよ。
3. F2 に E2 と E12 セルの平均点との差を算出し，適切な位置に $ マークを施して F3 ～ F12 にオートフィルで転写せよ。
4. B14 セルに B12（国語の平均点）と B13（基準点）の差を算出し，適切な位置に $ マークを施して C14, D14 セルに転写せよ。

5. G列に RANK 関数を用いて 3 教科合計点の順位を出力せよ。ただし，RANK 関数は

=RANK(対象のセル , 比べるデータのセル範囲 , 0)

で算出する（最後の 0 は降順（数の大きいものが上位）を表す）。

6. 各生徒の得点分布を，教科別に色分けされた積み上げ棒グラフで出力しなさい。

問題の解答例

1. E2 セルに「=SUM(B2:D2)」と入力して Enter キーを押し，さらに E2 を再度クリックして，マウスポインタをセルの右下にあてて，左ボタンを押したまま下方にドラッグします。E3 セルが「=SUM(B3:D3)」，E4 セルが「=SUM(B4:D4)」というようにセルの数値が変わっていくことを確認しましょう。

E2:E11	fx	=SUM(B2:D2)			
	A	B	C	D	E
1	出席番号	国語	数学	英語	合計点
2	1	80	96	82	258
3	2	50	43	70	163
4	3	90	35	65	190
5	4	75	70	83	228

2. B12 セルに「=AVERAGE(B2:B11)」と入力して Enter を押し，さらに B12 を再クリックして，右方向にオートフィルします。C12 は「=AVERAGE(C2:C11)」，D12 は「=AVERAGE(D2:D11)」と，今度はセルのアルファベットが変わっていることを確認しましょう。

B12:E12	fx	=AVERAGE(B2:B11)			
	A	B	C	D	E
1	出席番号	国語	数学	英語	合計点
2	1	80	96	82	258
3	2	50	43	70	163
4	3	90	35	65	190
5	4	75	70	83	228
6	5	48	69	80	197
7	6	92	99	94	285
8	7	74	83	90	247
9	8	63	50	73	186
10	9	62	89	68	219
11	10	85	73	73	231
12	各科平均	71.9	70.7	77.8	220.4

3. F2 セルに「=E2-E$12」と入力し，下方向にオートフィルします。$ を付けた後の 12 の値はオートフィル中変化はしないので，F3 は「=E3-E$12」，F4 は「=E4-E$12」のように，前のセル番号のみ変化することがわかります（$ は固定の役割）。

F2:F12	▼	*fx*	=E2-E$12				

	A	B	C	D	E	F	
1	出席番号	国語	数学	英語	合計点	平均点との差	
2	1	80	96	82	258	37.6	
3	2	50	43	70	163	-57.4	
4	3	90	35	65	190	-30.4	
5	4	75	70	83	228	7.6	
6	5	48	69	80	197	-23.4	
7	6	92	99	94	285	64.6	
8	7	74	83	90	247	26.6	
9	8	63	50	73	186	-34.4	
10	9	62	89	68	219	-1.4	
11	10	85	73	73	231	10.6	
12	各科平均	71.9	70.7	77.8	220.4	0	

4. B14 セルに「=B12-$B13」と入力し，右方向にオートフィルすると，C14 は「=C12-$B13」，D14 は「=D12-$B13」と，今度は前のセル番号のアルファベットだけが変化し，後ろの B13 の B は変わらないことがわかります。

B14:D14	▼	*fx*	=B12-$B13

	A	B	C	D
1	出席番号	国語	数学	英語
2	1	80	96	82
3	2	50	43	70
4	3	90	35	65
5	4	75	70	83
6	5	48	69	80
7	6	92	99	94
8	7	74	83	90
9	8	63	50	73
10	9	62	89	68
11	10	85	73	73
12	各科平均	71.9	70.7	77.8
13	基準点	60	点	
14	各科平均と基準点の差	11.9	10.7	17.8

5. G2 セルに「=RANK(E2,E$2:E$11,0)」と入力し，下方にオートフィルします。ここでも比較する値の入ったセル範囲 E2:E11 の 2 と 11 に $ が付けられていることに注意します。これをつけないと，E3:E12，E4:E13 とセル範囲が変化してしまいます。

G2:G11	▼	*fx*	=RANK(E2,E$2:E$11,0)				

	A	B	C	D	E	F	G
1	出席番号	国語	数学	英語	合計点	平均点との差	順位
2	1	80	96	82	258	37.6	2
3	2	50	43	70	163	-57.4	10
4	3	90	35	65	190	-30.4	8
5	4	75	70	83	228	7.6	5
6	5	48	69	80	197	-23.4	7
7	6	92	99	94	285	64.6	1

6. A1:D11 を範囲選択し，［挿入］→［グラフ］でグラフが出ます。さらに編集画面で積み上げ棒グラフを選択します。

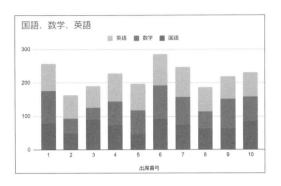

2.11 IF 文（条件分岐）と論理関数

2.8 節で用いた図のテストの成績データで説明します。

	A	B
1	番号	国語
2	1	46
3	2	38
4	3	73
5	4	90
6	5	67
7	6	58
8	7	54
9	8	69
10	9	60
11	10	40

論理関数（AND，OR）

例えば，左下図のように B2，B3 セルがともに 50 以下であることを確認するときに，

=AND([論理式 1]，[論理式 2]，……)　　（論理式 1，2，……のすべてが正しいか）

を用いて「=AND(B2<=50,B3<=50)」を入力します。

右下図のように B2，B3 の少なくとも一方が 50 未満であることを確認するときには，

=OR([論理式 1]，[論理式 2]，……)　　（論理式 1，2，……少なくとも一つが正しいか）

を用いて「=OR(B2<50,B3<50)」を入力します。値は正しければ「TRUE」，誤りであれば「FALSE」
を返します（いくつか試してみてください）。

D2	▼	fx	=AND(B2<=50,B3<=50)

	A	B	C	D
1	番号	国語		
2	1	46		TRUE
3	2	38		

D3	▼	fx	=OR(B2<50,B3<50)

	A	B	C	D
1	番号	国語		
2	1	46		TRUE
3	2	38		TRUE
		70		

■ 重要な注意

「OR」は「または」と訳します。日本語の「または」は「どちらか一方のみ（either or）」を
表すことが多いですが，数学や論理での「または」は「少なくとも一方」を意味します。

IF 関数（条件分岐）

ある条件を満たすか否かで出力値を変えるときに用いるのが次の IF 関数です。

=IF(論理式，論理式が真のときの出力値，偽のときの出力値)

例えば，点数が 50 点以上のときは「合格」を，50 点未満のときは「不合格」を返すには，
次のように入力します（「合格」「不合格」は文字列なので，出力値としては " 合格 "，" 不合格
" とダブルクォーテーションマークを用いないと，エラーメッセージが出ます）。

=IF(B2>=50, " 合格 ", " 不合格 ")

C2	▼	fx	=IF(B2>=50,"合格","不合格")

	A	B	C	D
1	番号	国語		
2	1	46	不合格	TRUE
3	2	38	不合格	TRUE
4	3	73	合格	
5	4	90	合格	
6	5	67	合格	
7	6	58	合格	

また，80点以上は「5」，50点以上は「4」，50点未満は「3」と，3種類以上の値を表示したいとき（今回は数値なので ""は不要）は，3つ目の引数の中にIF文を入れて，下図のように入力します。

=IF(B2>=80,5,IF(B3>=50,4,3))

D2			*fx*	=IF(B2>=80,5,IF(B3>=50,4,3))	
	A	B ◂	▸	D	E
1	番号	国語			
2	1	46		3	TRUE
3	2	38		4	TRUE
4	3	73		4	
5	4	90		5	
6	5	67		4	
7	6	58		4	
8	7	54		4	
9	8	69		4	
10	9	60		3	
11	10	40		3	

COUNTIF 関数

指定した範囲内に，特定のデータがいくつあるかを数えるときに用いるのが COUNTIF 関数です。

=COUNTIF(検索範囲 , " 数えたい文字列 ")

※特に文字列のカウントの場合は，「""」が必須です。

例えば，上記の国語の評定3，4，5の人数を数えたいときには，

=COUNTIF(C2:C11, "3")

と入力します。「3」をC2のデータとして参照して，

=COUNTIF(C2:C11,C2)

と入力しても構いません。

C12	▼	f_x	=COUNTIF(C$2:C$11,"3")

	A	B	C	D
1	番号	国語	評価	
2	1	46	3	
3	2	38	4	
4	3	73	4	
5	4	90	5	
6	5	67	4	
7	6	58	4	
8	7	54	4	
9	8	69	4	
10	9	60	3	
11	10	40	3	
12		3の人数	3	
13		4の人数	6	
14		5の人数	1	

例題 2.10

　次表の国語と数学の成績データで，2科目とも50点以上のときに「5」，一方だけ50点以上のときに「4」，ともに50点未満のときに「3」を出力しなさい。

	A	B	C
▼ 13			
14	番号	国語	数学
15	1	46	37
16	2	38	80
17	3	73	92
18	4	90	82
19	5	67	71
20	6	58	80
21	7	54	23
22	8	69	45
23	9	60	52
24	10	40	79
25			

2.11　IF文（条件分岐）と論理関数　41

D15		▼	*fx*	=IF(AND(B15>=50,C15>=50),5,IF(OR(B15>=50,C15>=50),4,3))		
	A	B	C	D	E	F	G

	A	B	C	D	E	F	G
▼ 13							
14	番号	国語	数学				
15	1	46	37	3			
16	2	38	80	4			
17	3	73	92	5			
18	4	90	82	5			
19	5	67	71	5			
20	6	58	80	5			
21	7	54	23	4			
22	8	69	45	4			
23	9	60	52	5			
24	10	40	79	4			
25							

D15 セルに，例えば以下を入力して，オートフィルして転写します。

```
=IF(AND(B15>=50,C15>=50),5,IF(OR(B15>=50,C15>=50),4,3))
```

第3章

データ分析の基礎理論

　この章では，高校数学Ⅰ「データの分析」で学ぶ基本的な統計量の概念について説明していきます。ここで登場する例の多くは，高校数学で扱われる問題に従って，手計算でも可能なものに限定しています。前章で学んだスキルを活かして，第4章で改めて実装していきます。

3.1 度数分布・ヒストグラム

　例えば，100点満点の試験21人のデータが下表のように与えられているとします。このようなデータを見やすく加工する道具として，度数分布表とヒストグラムを導入します。

番号	点数	番号	点数
1	32	11	100
2	68	12	90
3	88	13	72
4	10	14	60
5	22	15	24
6	50	16	20
7	18	17	78
8	20	18	80
9	70	19	74
10	22	20	100
		21	92

　横軸に1点〜100点まで1点刻みにとったり，50点以下かそれより大きいかの2つに分けたりして縦軸に人数を表した棒グラフでは，大した情報は得られません。ある程度の点数幅でもってデータをまとめる必要があります。

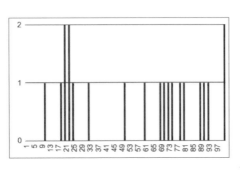
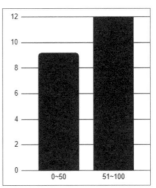

度数分布・相対度数・ヒストグラム

　データの値の区間を定め，その区間に入るデータの個数を数えてまとめたものを**度数分布**といい，この区間のことを**階級**，区間の幅を**階級幅**，区間の中央の値を**階級値**，各階級に当てはまるデータの個数を**度数**といいます。

　一般に階級幅は等間隔で設定することが多いですが，両端の階級は度数が少ない場合に大きな階級幅を設定することがあります。

　また，各階級の度数の全体に占める割合を**相対度数**，各階級に対して度数や相対度数を最初の階級からその階級まで合計したものを**累積度数**，**累積相対度数**といいます。

　横軸を階級，各階級の度数を縦軸にとった縦棒グラフを**ヒストグラム**といいます。

　21 人の成績データを階級幅が 10 点の度数分布表とヒストグラムにすると，次のようになります。

階級	度数	相対度数	累積度数	累積相対度数
10 〜 19	2	0.095	2	0.095
20 〜 29	5	0.238	7	0.333
30 〜 39	1	0.048	8	0.381
40 〜 49	0	0.000	8	0.381
50 〜 59	1	0.048	9	0.429
60 〜 69	2	0.095	11	0.524
70 〜 79	4	0.190	15	0.714
80 〜 89	2	0.095	17	0.810
90 〜 99	2	0.095	19	0.905
100	2	0.095	21	1.000

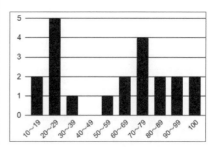

ヒストグラムの形状

　ヒストグラムが 1 つのピーク（局所的に度数が多い所）を示す分布を**単峰性**の分布といい，2 つ以上のピークがある分布を**多峰性**の分布という。

　上のヒストグラムは 2 峰性があり，勉強している層とそうでない層に分かれている（受験者の年齢層が異なる可能性もあります）ことが明確です。この結果から，日ごろの学習において全体を一律に扱うのではなく，いくつかのグループ（50 点以上と未満）ごとに異なる対策をとる必要性がわかります。

（重要な注意）ヒストグラムの棒どうしの隙間は通常なくす

　通例ヒストグラムは，棒グラフの隙間を詰めて表現しますが，Google スプレッドシートの仕様の関係で，本書では棒グラフで代用します。したがって，棒同士の隙間はないのが普通ですが，本書でのヒストグラムでは，隙間を残した状態での表記に統一することにします。

3.2　平均値・中央値・四分位数・箱ひげ図

　まずは次の問題を考えます。

> **問題**
> 　定期試験の結果を検証する際に，平均値をみることが多い。その利点と欠点をそれぞれ挙げよ。

　「平均は真ん中付近の点数を意味するので，それより高ければ優位に立てている」と答える人が多いでしょう。この点を疑問視して欲しい。果たして平均は本当に真ん中を意味するのでしょうか。

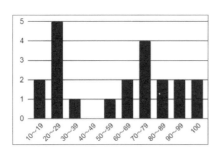

　進学校の生徒の場合，多くの生徒は試験勉強を行う傾向が強く，点数分布のグラフは「平均点前後に集中していて左右対称」という形ではなく，やや高得点に偏っている傾向があります。前節の 21 人の試験のデータの平均点は 56.3 点ですが，真ん中の順位 11 位の点数（**中央値**という）は 68 点で，平均点と大きく離れていることが分かります。

　少し極端な例ですが，実際の試験でも「平均点より中央値のほうが 4 点以上高い」ことはよくあり，受験者数が 200 人程度の場合，順位も 10 〜 15 位ほどずれます。それは，大半の生徒は試験に向けて勉強する一方，全く勉強しないで臨む人がいるために平均点は下がってしまうことによります。

生徒の側 成績の向上を狙うのであるならば，平均点では真ん中よりやや下になってしまう。中央値を基準にした方がより目標は高く設定することができる（**中央値重視**）。

教員の側 思うほど平均点は高くないときに，成績の悪い生徒がそれだけ多くいることを示唆していることがわかる（**平均点重視**）。

立場や目的によって重視すべき統計量が変わってくることを認識しましょう。

 シンプソンのパラドックス ---------------------------------------

次表は，米国の 2 つの航空会社 A と B の運航回数と遅延回数をまとめたものです。この表を見ると，A 航空のほうが遅延率が高くなっているように見えますが，実際に業績が悪くなったのは B 航空会社でした。

	A 航空	B 航空
運航回数	3775	7234
遅延回数	501	787
遅延率	13%	11%

その理由は，空港別に遅延率を調べた次表でわかります。空港別ではすべて **B 航空のほうが遅延率が高くなっている**ことがわかります。

空港 (本数)	A 航空			B 航空		
	定時運航	遅延	遅延率	定時運航	遅延	遅延率
サンフランシスコ	503	102	17%	320	129	29%
シアトル	1841	305	14%	201	61	23%
ロサンゼルス	497	62	11%	694	117	14%
サンディエゴ	212	20	9%	383	65	15%
フェニックス	221	12	5%	4849	415	8%
合計	3274	501	13%	6447	787	11%

これは，A 航空の本拠地がシアトルで，B 航空がフェニックスであることにより，さらにフェニックスは着陸がしやすく，シアトルは着陸が困難であることが多い（気象条件が影響しています）ことがわかります。データは切り口によって，異なる様相を示すことがあります。

（データはカイザー・ファング「ナンバーセンス ビッグデータの嘘を見抜く『統計リテラシー』の身につけ方」より引用）

代表値（平均値・中央値・最頻値）

- **平均値（average）**　データの総和を総度数で割ったもの。
- **中央値（median）**　データを大きさの順に並べた場合，その中央にくる値。
  データ数 n が奇数のときは，(n + 1) / 2 番目の値。偶数のときは，n / 2 番目と n / 2 + 1 番目の値の平均値。

- **最頻値（mode）**　最も度数が多いデータの値をいう。複数ある場合もある。
  度数分布表の場合，最も度数が多い階級の**階級値**をいう。

例題 3.1（ある種目の大会のスコアの代表値）

チーム	スコア
A	10, 4, 2, 3, 4, 4, 2, 10, 6, 5, 1, 8, 7, 6, 9
B	6, 3, 6, 7, 0, 2, 5, 4

A チームと B チームそれぞれのスコアの平均値，中央値，最頻値をそれぞれ求めよ。

例題 3.1 の解答

（1）データを小さい順に並べると，平均値は 5.4 点，中央値は 5 点，最頻値は 4 点とわかります。

1,2,2,3,4,4,4,5,6,6,7,8,9,10,10
　　7個　　　　　7個

（2）データを小さい順に並べると，平均値は 4.125 点，中央値は 4.5 点，最頻値は 6 点とわかります。

1,2,3,　4,5　,6,6,7
　　　この平均が中央値

中央値と四分位数

データ数を n とするとき,

- **中央値（第 2 四分位数）**　　n = 2m − 1（奇数）のとき, データを小さい順に並べた際の真ん中の値（m 番目）。n = 2m のとき, 真ん中 2 つ（m, m+1 番目）の平均値。

- **第 1 四分位数**　　n = 2m − 1（奇数）のとき, 1 番目から m − 1 番目まで（真ん中を抜いた下）のデータの中央値のこと。n = 2m のとき, 1 番目から m 番目までのデータの中央値のこと（下図のイメージを焼き付ける！）。

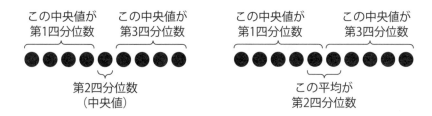

- **第 3 四分位数**　　n = 2m − 1（奇数）のとき, m + 1 番目から 2m − 1 番目まで（真ん中を抜いた上半分）のデータの中央値。n = 2m のとき, m + 1 番目から 2m 番目までのデータの中央値のこと。

　当然ですが**第 1 四分位数は下位 25%, 第 3 四分位数は上位 25% の位置の数値**を表しています。正確な定義よりも, この解釈を覚えておくことのほうが大切です。

（重要な注意）四分位数の定義は複数ある！

　ここでは, 中学校および高等学校の数学の, 学習指導要領で掲載されている定義を採用しています。4.3 節で紹介する表計算での定義とは異なることを注意しておきます。ただしデータ数が多いほど, この定義の違いによる値の差は小さくなりますので, データ分析を行う上では大きな問題にはなりません（8.2 節参照）。

箱ひげ図（5 数要約）と範囲

最小値	第1四分位数	中央値	第3四分位数	最大値
1	3	5	8	10

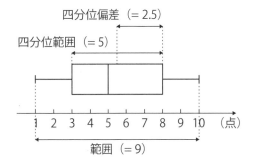

上表の統計量を反映させた図を**箱ひげ図**という。

- **第1・第3四分位数**　　長方形の向かい合う縦の辺。
- **中央値**　　　　　　　箱の内部の線分。

箱の左端から最小値まで，箱の右端から最大値まで線分（ひげ）で結ぶ。

- **範囲**　　　　　　　　最大値 – 最小値
- **四分位範囲**　　　　　第3四分位数 – 第1四分位数
- **四分位偏差**　　　　　四分位範囲の半分の大きさ

例題 **3.2**（ある種目の大会のスコアの箱ひげ図）

　　例題 3.1 のスポーツ大会の A，B チームのスコアについて，それぞれ四分位数，箱ひげ図，四分位範囲，四分位偏差を求めよ。

　A チームについて，第 1 四分位数は 3 点，第 3 四分位数は 8 点である。また，四分位範囲は 5 点，四分位偏差は 2.5 点である。

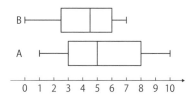

1, 2, 2, 3, 4, 4, 4, 5, 6, 6, 7, 8, 9, 10, 10

中央値が第 1 四分位　　中央値が第 3 四分位

　B チームについて，第 1 四分位数は 2.5 点，第 3 四分位数は 6 点である。また，四分位範囲は 3.5 点，四分位偏差は 1.75 点である。

0, 2, 3, 4 , 5, 6, 6, 7

中央値が第 1 四分位　中央値が第 3 四分位

　箱ひげ図は以下の通りです。

　箱ひげ図を描くことで，複数のデータ間でのばらつき具合の違いの比較や，最大値や最小値が「箱の部分」に比べて大きく外れていないかどうか（箱に対して，大きく（四分位範囲の 1.5 倍〜2 倍以上）離れて分布している値を**外れ値**といいます）が一目でわかります。

　また，四分位数や「箱の部分」のデータは，中央値同様，**平均値と異なり最大値・最小値や外れ値の影響を受けにくい**のが特徴です。

3.3 分散・標準偏差

　次表は2科目の試験のデータを示したものです。科目Aは50点前後に集中していて遠ざかるとデータは減っていくのに対し、科目Bは50点前後に少なく遠ざかると逆に増えていくことが分かります。つまり、科目Aは散らばりが少ないのに対して、科目Bは散らばっていることが分かります。この散らばり具合を1つの数値で表すことを考えます。

番号	科目A	番号	科目B
1	90	1	100
2	80	2	100
3	70	3	100
4	70	4	80
5	60	5	80
6	60	6	70
7	60	7	50
8	50	8	50
9	50	9	40
10	50	10	40
11	50	11	40
12	40	12	40
13	40	13	30
14	30	14	20
15	20	15	10
16	20	16	0
17	10	17	0

　両者の平均点は50点（$\overline{x_A}$, $\overline{x_B}$）です。各データと平均点との差（負の値もとる）を**偏差**といいます。しかし偏差の和を取ると0に等しくなるため、偏差の2乗（**偏差平方**）の和をとって散らばり具合の指標とします。実際、平均点から離れているデータほど、そのことが反映される仕組みとなっています。

　これら偏差平方の平均値を**分散**、さらにその正の平方根をとった値を**標準偏差**といいます。分散は、元のデータの単位が2乗されているので（ここでは [点^2]）、標準偏差を考えることで、**元のデータと同じ単位になります**。

番号	x_A	偏差 $x_A - \overline{x_A}$	偏差平方 $(x_A - \overline{x_A})^2$	番号	x_B	偏差 $x_B - \overline{x_B}$	偏差平方 $(x_B - \overline{x_B})^2$
1	90	40	1600	1	100	50	2500
2	80	30	900	2	100	50	2500
3	70	20	400	3	100	50	2500
4	70	20	400	4	80	30	900
5	60	10	100	5	80	30	900
6	60	10	100	6	70	20	400
7	60	10	100	7	50	0	0
8	50	0	0	8	50	0	0
9	50	0	0	9	40	−10	100
10	50	0	0	10	40	−10	100
11	50	0	0	11	40	−10	100
12	40	−10	100	12	40	−10	100
13	40	−10	100	13	30	−20	400
14	30	−20	400	14	20	−30	900
15	20	−30	900	15	10	−40	1600
16	20	−30	900	16	0	−50	2500
17	10	−40	1600	17	0	−50	2500
計		0	7600			0	18000

分散と標準偏差の定義

変量 x の n 個のデータ（$x_1, x_2, x_3, \ldots, x_n$）に対し，変量 x の平均を $\overline{x} = \frac{1}{n}(x_1 + \cdots + x_n)$ とします。このとき，偏差平方の平均値

$$s^2 = \frac{1}{n}\{(x_1 - \overline{x})^2 + \cdots + (x_n - \overline{x})^2\}$$

を変量 x の**分散（Variance）**といい，$s = \sqrt{(分散)}$ を**標準偏差（Standard Deviation）**といいます。

科目 A の分散は $7600 \div 17 \fallingdotseq 447$ で，標準偏差はその平方根で約 21.1 であり，科目 B の分散は $18000 \div 17 \fallingdotseq 1059$ で，標準偏差はその平方根で約 32.5 であることがわかります（こちらの計算は 4.1 節で表計算として扱います）。

〈分散のイメージ図〉

変量 $x = (10, 20, 40, 50)$ のとき，平均は 30, 分散は 250, 標準偏差は $5\sqrt{10} \fallingdotseq 15.8$ です。

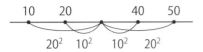

例題 3.3

変量 x のデータ 1，2，3，4，5，6，7，8，9 の標準偏差を求めよ。

例題 3.3 の解答

偏差平方は順に 16, 9, 4, 1, 0, 1, 4, 9, 16 で，これらの平均である分散は 60/9, 標準偏差は $2\sqrt{15}/3 \fallingdotseq 2.6$。

ここで，標準偏差の値の意味についてもう少し具体的に説明しておきます。まず，冒頭で用いたデータのヒストグラムを描いてみると，左右対称に近く，平均付近にピークがあるのが特徴となっています。

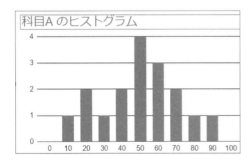

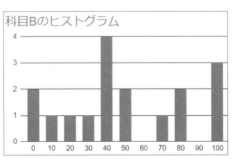

この科目 A のヒストグラムに比較的近くはなりますが，「**正規分布**」という左右対称の釣鐘状のヒストグラムになる度数分布の場合，(平均)±(標準偏差)の 2 値に挟まれる区間にあるデータの数について，次のことが知られています。

（重要）標準偏差の数値のイメージ

　標準偏差にはデータのばらつき具合が反映されます。一般にヒストグラムを描いたときに，平均点を基準にほぼ線対称になる**釣鐘状の分布（正規分布といい，平均からある程度離れると急激に度数が減少する→ 8.3 節参照）**の場合は，

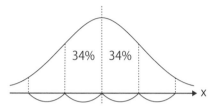

各区間は標準偏差1つ分を表す

- （平均値）±（標準偏差）の範囲に全データの 68% が含まれる。
- （平均値）± 2 ×（標準偏差）の範囲に全データの 95% が含まれる。
- （平均値）± 2 ×（標準偏差）に含まれないのは**滅多に起きないこと**と認識する。

となることが知られています（詳細は数学 B で学びます）。

　もちろん，68 や 95 というのはヒストグラムが釣鐘状の分布のときの数値で，似た分布であれば**（平均値）±（標準偏差）には 60 〜 70% のデータが含まれる**と考えて構いません。ただし，均一な一様分布や，多峰性のある分布では 60% を少し下回ることもあります（→詳細は 8.4 節参照）。

　先ほどの例では，以下のことが説明できます。

- 科目 A の（平均値）±（標準偏差）は 29 〜 71 で，12 個（約 70%）が含まれ，科目 B の（平均値）±（標準偏差）は 19 〜 81 で，11 個（約 65%）が含まれます。
- 科目 A の（平均値）± 2 ×（標準偏差）は 8 〜 92 で，17 個（100%）が含まれます。科目 B の（平均値）± 2 ×（標準偏差）は –12 〜 112 で，17 個（100%）が含まれます。
- 科目 B で 100 点満点をとるのはそれほど難しいことではありませんが，科目 A は極めて困難です。

　なお，平均値を 50 とし，標準偏差 1 つ分を 10 に換算，つまり（平均値）±（標準偏差）を 40 と 60，（平均値）± 2 ×（標準偏差）を 30 と 70，のように尺度変更したものを**偏差値（t-score）**といいます。

偏差値の定義

$$(偏差値) = 50 + \frac{(データ) - (平均値)}{(標準偏差)} \times 10$$

平均＋標準偏差

平均

30　40　50　60　70

（余談）偏差値 100 は出にくい

偏差値 100 をめざすのであれば，平均点が 65 点の試験で標準偏差が 7 の試験で 100 点満点を出すことができる。著者の勤務校の定期試験の場合，現代文と体育で標準偏差は小さいものの 9 前後，英語や数学は 20 近くあるので現実的には不可能であり，数学で 100 点をとっても偏差値 70 すら出にくいことがわかります。

3.4　散布図・相関係数

2 つの指標（変量）間の相関関係（一方が増えると他方が増えるまたは減る関係）を数値で調べていく方法を紹介します

下表はある高校生 20 人のスポーツテストの結果をまとめたものです。

ID	50m 走（秒）	走り幅跳び（cm）	ID	50m 走（秒）	走り幅跳び（cm）
1	6.8	475	11	6.9	492
2	6.9	410	12	7.3	420
3	6.9	403	13	7.6	403
4	7.1	432	14	7.8	385
5	7.4	405	15	7.1	469
6	6.5	425	16	6.7	465
7	7	418	17	7.3	475
8	6.9	505	18	7.3	409
9	6.7	420	19	6.7	452
10	6.7	494	20	7.1	458

異なる2つの変量 x，y のデータ (x_i, y_i)（x_i は ID が i の生徒の 50m 走のタイム，y_i は走り幅跳びの距離）を，x，y を軸とした図にドットで表したものを**散布図（相関図）**といいます。

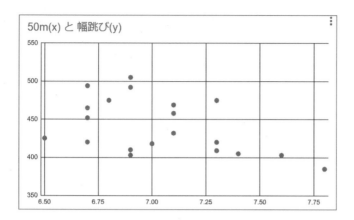

この散布図では，「50m 走のタイムが遅い人ほど，走り幅跳びの記録も短い」という傾向がみられますが，**それほどその傾向（相関関係）は強くはない**といえます。関係の強さは，散布図上の点の並びが集中して直線に近い分布をなしていれば強いと判断されます。

ここで，散布図の散らばり具合を数値化する方法を導入します。まず x，y それぞれのデータの平均を $\bar{x}$ $(= 7.1)$，$\bar{y}$ $(= 435)$ としたとき，x，y の各データの偏差 $(x - \bar{x},\ y - \bar{y})$ の積を考えます。

共分散・相関係数の定義

2変量 x，y の偏差の積 $(x - \bar{x})(y - \bar{y})$ の平均値，

$$s_{xy} = \frac{1}{n}\{(x_1 - \bar{x})(y_1 - \bar{y}) + \cdots + (x_n - \bar{x})(y_n - \bar{y})\}$$

を**共分散（Covariance）**といい，さらに，

$$\frac{(x, y \text{ の共分散})}{(x \text{ の標準偏差})(y \text{ の標準偏差})}$$

を，x，y の**相関係数（Correlation）**といいます。相関係数は必ず「-1 以上 1 以下」の値になります（証明は 8.1 節参照）。「一方の値が大きいほど他方の値も大きくなる」傾向があるとき，「正の相関関係」があるといい，このとき，相関係数は正の値になります。逆に，「一方の値が大きいほど他方の値が小さくなる」傾向があるとき，「負の相関関係がある」といい，相関係数は負の値になります。

ID	x	y	$x - \overline{x}$	$y - \overline{y}$	$(x - \overline{x})(y - \overline{y})$	$(x - \overline{x})^2$	$(y - \overline{y})^2$
1	6.8	475	−0.235	34.25	−8.04875	0.055225	1173.0625
2	6.9	410	−0.1	−30.75	4.15125	0.018225	945.5625
3	6.9	403	−0.1	−37.75	5.09625	0.018225	1425.0625
4	7.1	432	0.065	−8.75	−0.56875	0.004225	76.5625
5	7.4	405	0.365	−35.75	−13.04875	0.133225	1278.0625
6	6.5	425	−0.535	−15.75	8.42625	0.286225	248.0625
7	7	418	−0.035	−22.75	0.79625	0.001225	517.5625
8	6.9	505	−0.1	64.25	−8.67375	0.018225	4128.0625
9	6.7	420	−0.335	−20.75	6.95125	0.112225	430.5625
10	6.7	494	−0.335	53.25	−17.83875	0.112225	2835.5625
11	6.9	492	−0.1	51.25	−6.91875	0.018225	2626.5625
12	7.3	420	0.265	−20.75	−5.49875	0.070225	430.5625
13	7.6	403	0.565	−37.75	−21.32875	0.319225	1425.0625
14	7.8	385	0.765	−55.75	−42.64875	0.585225	3108.0625
15	7.1	469	0.065	28.25	1.83625	0.004225	798.0625
16	6.7	465	−0.335	24.25	−8.12375	0.112225	588.0625
17	7.3	475	0.265	34.25	9.07625	0.070225	1173.0625
18	7.3	409	0.265	−31.75	−8.41375	0.070225	1008.0625
19	6.7	452	−0.335	11.25	−3.76875	0.112225	126.5625
20	7.1	458	0.065	17.25	1.12125	0.004225	297.5625
計			0	0	−107.425	2.1255	24639.75

上の例では，共分散は −107.425 ÷ 20 ≒ −5.37，x，y の標準偏差は $\sqrt{2.1255/20}$ ≒ 0.326 と $\sqrt{24639.75/20}$ ≒ 35.1 で，相関係数は (−5.37) ÷ (0.326 × 35.1) ≒ −0.47 となります（この値の解釈については後述。また，表計算での算出は 4.1 節で扱います）。

共分散の意味

　　x，y の平均値を軸として，散布図を 4 つの領域に分けます。左下図は x，y の偏差の積の値が正である領域，右下図は x，y の偏差の積が負である領域を示しています。これらの偏差の積の平均を求めることで，全体としてどちらの領域に多く分布しているのかが把握（共分散が正のときは正の相関関係，負のときは負の相関関係）できます。（ただし，その大きさ自体には意味はなく，相関係数を求めない限り，関係性の強弱の判定はできません。）

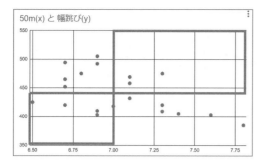 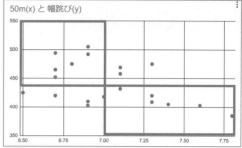

（重要）相関係数の値の解釈

- 相関係数 r が 1 に近いほど，変量 x，y の正の相関関係は強く，$r = 1$ のとき，傾きが正の直線上に点が分布する完全な正の相関関係になります。
- 相関係数 r が –1 に近いほど，変量 x，y の負の相関関係は強く，$r = -1$ のとき，傾きが負の直線上に点が分布する完全な負の相関関係になります。
- 相関係数 r が 0 に近いほど，変量 x，y の相関関係は弱くなります。

〈統計学では〉「相関係数の絶対値が約 0.7 以上」あると相関が強い，0.3 ～ 0.6 は「（それなりの）相関がある（が強くはない）」それ以下は「相関は弱い」といわれます。

相関係数と相関の強弱

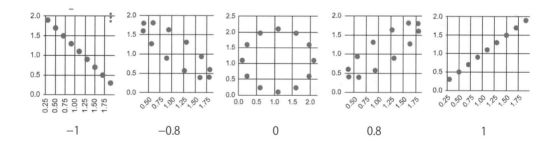

したがって，スポーツテスト（50m 走のタイムと走り幅跳び）の例は「負の相関関係が認められるがそれほど強くはない」と判断することになります。（運動が得意でも，両者のいずれかが苦手な人がそれなりにいることを意味します。）

例題 **3.4**（相関係数の計算）

変量 x, y についてのデータが右表で与えられている。この3組のデータについて次の値を求めよ。ただし小数には直さず、無理数のままで構わない。また、必要なら下の表を利用せよ。

x	30	40	50	60
y	70	50	60	40

(a) x の標準偏差　(b) x, y の共分散　(c) 相関係数

x	y	$x-\overline{x}$	$y-\overline{y}$			
30	70					
40	50					
50	60					
60	40					

例題 **3.4** の解答

x の平均は 45、y の平均は 55 である。2つの偏差平方と偏差の積の欄を設けて、計算します。

(a) x の偏差平方の平均である分散は $(225 + 25 + 25 + 225) \div 4 = 125$。よって標準偏差は $5\sqrt{5}$。

(b) 偏差の積の平均値である共分散は、$(-225 + 25 + 25 - 225) \div 4 = -100$。

(c) 標準偏差は2変量とも $5\sqrt{5}$ で、共分散は -100 なので、$(-100)/(5\sqrt{5})^2 = -0.8$（強い負の相関関係があることがわかります。）

x	y	$x-\overline{x}$	$y-\overline{y}$	$(x-\overline{x})^2$	$(y-\overline{y})^2$	$(x-\overline{x})(y-\overline{y})$
30	70	−15	15	225	225	−225
40	50	−5	−5	25	25	25
50	60	5	5	25	25	25
60	40	15	−15	225	225	−225

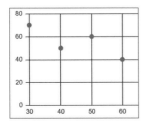

偽相関について

図のような散布図となるとき，全体としては負の相関傾向が見ら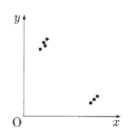
れますが，密集しているグループごとに分けてみると，ともに正の
相関が見られます。このように本来異質なものとして分けて分析す
べき集団を1つの集団と見ることで，相関があるように見える状態
を**偽相関**といいます。

相関係数が高くても，散布図を描いて視認することも必要です。

相関関係と因果関係（交絡因子の存在）

相関関係があるからといって因果関係があるかどうかはいえないことに注意します。例えば
「気温が高いほどアイスクリームの売り上げは増える」という場合に因果関係はありますが，「ア
イスクリームの売り上げが増えるほど，海での事故が増える」というのは，「気温」という第3
の指標（**交絡因子**といいます）が両者を仲介して成立している相関関係であって，直接因果関
係があるわけではありません。（他にも「日本経済新聞の読者は，就職の内定率がよい？」）

さらには**偶然相関関係が見られるだけで，両者を仲介する要素が全く想像つかない場合**もあ
ります。

人間の行動を分析する心理学では，相関関係を暴くことで，行動の分析を行う学問であり，
心理学で得られた結論に因果関係を見いだすのは脳科学や医学・生物学といった学問の研究で
す。医療現場でも因果関係までは見いだせなくとも，データ分析から分かった血圧と病状の相
関関係から未然に重篤化するのを防ぐといったことも最近は増えています。

3.5 回帰直線（≒ AI の基本原理）

（復習）標準偏差・相関係数の定義

2変量 x，y のデータ (x_1, y_1)，(x_2, y_2)，…，(x_n, y_n) について（例えばx 身長，y
体重でn 人のデータ），$\overline{x}$，$\overline{y}$ をそれぞれの平均とするとき，$x_i - \overline{x}$ を**偏差**，$(x_i - \overline{x})^2$
を**偏差平方**といい，偏差平方の平均

$$s_x{}^2 = \frac{1}{n}\{(x_1 - \overline{x})^2 + (x_2 - \overline{x})^2 + \cdots + (x_n - \overline{x})^2\}$$

を**分散**，分散の正の平方根 s_x を**標準偏差**という。

また 2 変量 x, y の各データの偏差の積 $(x_i - \overline{x})(y_i - \overline{y})$ の平均

$$s_{xy} = \frac{1}{n}\{(x_1 - \overline{x})(y_1 - \overline{y}) + (x_2 - \overline{x})(y_2 - \overline{y}) + \cdots + (x_n - \overline{x})(y_n - \overline{y})\}$$

を**共分散**,

$$\frac{s_{xy}}{s_x s_y} \quad \left(= \frac{(共分散)}{(標準偏差の積)}\right)$$

を**相関係数**という。

最小 2 乗法と回帰直線

　2 変量 x, y のデータ (x_1, y_1), (x_2, y_2), …, (x_n, y_n) の散布図において強い相関関係が認められるとき, これらの相関関係の傾向を直線で近似することを考えます。その直線を $y = ax + b$ とおくとき, 各データとこの直線が極力近くなることを考えればよく, その指標として,「y_i と直線の式に x_i を代入したときの y 座標との差(**残差**という)」の平方 $(y_i - ax_i - b)^2$ の値の総和が最も小さくなるときを考えることにする。この方法による近似式 y = ax + b の求め方を**最小 2 乗法**といい, この結果求められる直線のことを**回帰直線**といいます。

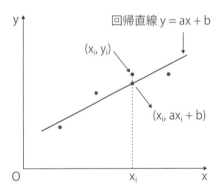

　このとき,

$$a = \frac{s_{xy}}{s_x{}^2}, \quad b = \overline{y} - a\overline{x}$$

となることが知られています (詳細は 8.8 節)。

注意　回帰直線の傾きの式と相関係数の式が異なることに注意しましょう。

参考　回帰直線によるデータの推定 ≒ AI（機械学習）の基本原理 ------------------

　　回帰直線は，2変量 x, y のデータによって導出され，未知のデータ x について，y の値がいくつくらいになるのかを推定するときに用います。この導出する（a, b の値を求める）ことを**学習**といい，いわゆる AI が行っていることは，未知のデータについてそれが何を意味するのかを回帰直線のようなものを用いて推定することに相当します。（顔認識も同様で，例えば数字の認識には6万枚の画像を用いて学習を行い，どの位置を通過する傾向が強いとどの数字になるのか，判断できる数式を求めることで，他の数字の画像の分類を行っています。）

　　ここで導入した回帰直線は，AI の最も簡単な例となっています。

例題 3.5（回帰直線の導出と描画）

　　2変量 x, y のデータが以下で与えられているとき，回帰直線を求めよ。

x	1	2	3	4	5	6	7	8	9	10
y	0.8	2	3.2	4.1	4.8	6.3	7.2	7.9	8.8	9.9

例題 3.5 の解答

　　2変量 x, y の平均値はそれぞれ 5。分散 $s_x{}^2 = 8.5$，共分散 $s_{xy} = 8.44$ と計算できて，回帰直線の傾き $a = 0.992$，y 切片 b は $5 - 0.992 \times 5 \fallingdotseq 0.040$。

　　したがって，$y = 0.992x + 0.040$ が求める回帰直線の式となります。

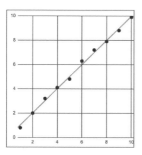

　BMI 値とは，体重（kg）を身長（cm）の 2 乗で割った値のことで，肥満度を表すデータとしてよく用いられています。BMI 値と死亡率（10 万人あたりの人数）との関係は図のようになることが知られています。肥満の場合だけ取り上げられることが多いですが，実際はやせていても，免疫が低いということでリスクは高くなるという裏づけがあります。従って図のような U 字型曲線（放物線とまでは言えないが）になることがわかります。

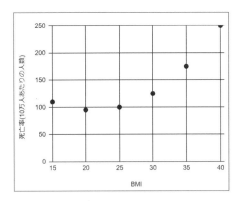

　もし，このグラフが放物線 $y = ax^2 + bx + c$ という式に従うとすると，$(20, 90)$, $(30, 120)$, $(40, 250)$ の 3 つのデータ（これは勝手に選んだもの）を代入して，90 = 400a + 20b + c, 120 = 900a + 30b + c, 250 = 1600a + 40b + c で解くと，a = 0.5, b = −22, c = 330 となります。したがって，y = 0.5x^2 − 22x + 330 と近似式が得られ，グラフで表示されている BMI の値であれば，ある程度推定できることがわかります。

3.6 データ分析の読解演習

■ **練習問題 1（東京都の幼稚園数）**

　下図は，2020 年度の東京都 23 区と 26 市の合計 49 の区市の面積（横軸）と，幼稚園の数（縦軸）についての散布図です。（データは独立行政法人統計センターの教育用標準データセット SSDSE-A-2021（東京都区市の面積と幼稚園数）から引用）

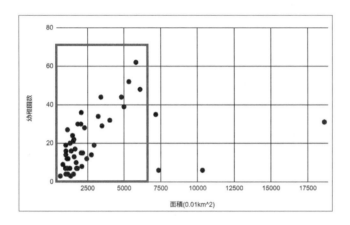

　横軸の面積の 1 単位は 0.01 km^2 を表します。

　このグラフで，面積が 7000 以上のデータについては，残りの 45 個のデータの傾向と大きくずれているので，　ア　値として，除外して分析することにします。こうすると，残りの 45 個のデータについての面積と幼稚園数の相関係数は，元の 49 個のデータについての相関係数よりも値は　イ　なります。

　このとき，次の問いに答えなさい。

(1) 　ア　にあてはまる語句を答えなさい。

(2) 　イ　にあてはまる語句を次の中から選びなさい。
　　①大きく　②小さく　③等しく

下図は，幼稚園数 45 個のデータの度数分布についてヒストグラムで表したものです。

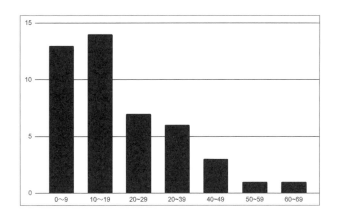

(3) 幼稚園の数の第 1 四分位数がある階級を答えなさい。

(4) 下図は幼稚園の数の度数分布について，箱ひげ図で表したものです。最も適切なものをア〜オの中から選びなさい。

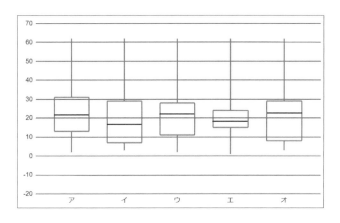

(5) 幼稚園の数の標準偏差として最もふさわしいものを次の中から選びなさい。

① 4.3　② 9.3　③ 14.3　④ 19.3　⑤ 24.3

(6) 45 個のデータの面積の標準偏差は 1380，面積と幼稚園の数の共分散が 16500 であるとき，(5) の値を用いて，45 個の面積と幼稚園の数のデータの相関係数を小数第 2 位まで求めなさい。また，この分析の結論として，最もふさわしいものを次の中から選びなさい。

①強い正の相関関係がある。　②弱い正の相関関係がある。
③弱い負の相関関係がある。　④強い負の相関関係がある。
⑤相関関係はほぼない。

(7) 45 個のデータの回帰直線の式は,

(幼稚園の数) = 0.00869 ×（面積）+ 1.36

であることがわかっています。この式に従うとき，面積が 20 km^2（つまり 2000 [0.01 km^2]）のときの幼稚園の数の推定値を整数で答えなさい。

(8) ┌─ ア ─┐ 値として除外した 4 個のデータ について，推察できることをいくつか述べなさい。

■ **練習問題 2（スポーツ行動者率）**

　下の散布図は，2016 年の総務省の「社会生活基本調査」による，47 都道府県別の男性のスポーツ行動者率（過去 1 年以内にスポーツを行っていると回答した人の割合）を横軸に，同年の都道府県別の 0 歳男児の平均余命（歳）を縦軸にとったものを表している。

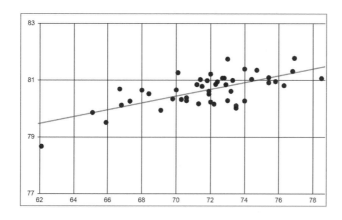

(1) スポーツ行動者率の第 1 四分位数としてふさわしい値を下の①〜⑤から選びなさい。

　　① 62.1　② 68.0　③ 70.2　④ 72.0　⑤ 73.5

(2) スポーツ行動者率の標準偏差としてふさわしい値を下の①〜⑤から選びなさい。

　　① 0.57　② 1.23　③ 3.24　④ 5.71　⑤ 8.02

(3) スポーツ行動者率と平均余命のデータの相関係数は 0.68 です。このことから，2 量について述べたものとして最もふさわしい説明を下の①〜④の中から一つ選びなさい。

　　①正の強い相関関係がある。　②正の強い比例関係がある。
　　③正の弱い相関関係がある。　④正の弱い比例関係がある。

(4)（3）のとき，2量の関係を近似した直線を ⬚ 直線といいます。空欄にあてはまる言葉を答えなさい。

(5) スポーツ行動者率が 70% 以下であるのは，主として東北地方や北陸地方の積雪量が多いことで知られる県であり，スポーツ行動者率の上位は大都市圏であることがわかっています。散布図のデータを，スポーツ行動者率が 70 〜 76% に限定したときの相関係数についてあてはまることを次の①〜③の中から選びなさい。

　　① 0.68 と比べて 0.05 以上大きくなる。　② 0.68 とほぼ変わらない。
　　③ 0.68 と比べて 0.05 以上小さくなる。

練習問題 1 の解答

(1) 外れ（値）→よく使います。覚えておきましょう。

(2) ①　ちなみに外れ値を入れると相関係数は 0.4 くらいです。

(3) 第 1 四分位数：0 〜 9
　　　　第 1 四分位は 22 個のデータの中央値（つまり小さいほうから 11，12 番目の平均値）なので，0 〜 9。ちなみに第 3 四分位は，大きいほうから 11，12 番目の平均値。ただ，11 番目は 30 〜 39，12 番目は 20 〜 29 にあり，その平均値がどこにあるかは値によるので判定不能。

(4) イ　中央値は 20 未満。第 1 四分位が 0 〜 9 にあることから判断。

(5) ③　理論では，平均値±標準偏差に全データの約 68% が入ることが知られています。
　平均値は散布図も併せてみると，18 〜 19 くらいと判断できます。平均値から全度数の 34% ≒ 15 だけ離れたデータがあるのは，0 〜 9 と，30 〜 39 または 40 〜 49 です。これらのことから，③が妥当と言えます。

(6) 0.84，①（相関係数）= 16500 / (14.3 × 1380)

(7) 19　　0.00869 × 2000 + 1.36

(8) あきる野市など東京西部の市が外れ値に相当。住宅地が点在している地域が多いことから幼稚園の数も面積に比して少ないといえます。

練習問題 2 の解答

(1) ③　47 都道府県の左半分 23 個のうちの中央値に相当するので，左から 12 番目のデータが該当します。

(2) ③　平均値が 72 くらいで，68.5 〜 74.5 に全体の 7 割くらいのデータが集中していることに注目すると，この幅が標準偏差のほぼ倍となります。

(3) ①　0.68 はほぼ 0.7 です。きっちり 0.7 以上だと「強い」ということではありません。ほとんどの人は「やや強い」という感覚だったと思います。弱いというのは 0.4 以下です。

(4) 回帰直線

(5) ③ やや難しいです。中央部に注目すると，丸みを帯びる分布が強調されますので，相関係数は小さくなります。実際には 0.45 くらいになります。データの切り取り方次第で，相関係数は意外と大きく変化します。

3.7 基本の確認問題（重要・基本概念の復習）

　この章で扱った基本概念（数学Iの範囲のデータの分析）について，大学入試対策のために短時間で復習したいときに利用してください。ここにある問題がスラスラ解ければ，数学Iの共通テストで出題されるデータの分析の問題は問題なく解けるはずです。

問題

(1) 2，3，4，4，5，5，6，9 の中央値，第1四分位数，第3四分位数，四分位偏差をそれぞれ答え，このデータの箱ひげ図を図示せよ。（目標時間2分30秒）

(2) 1，3，3，3，4，5，6，8，9 の中央値，第1四分位数，第3四分位数，四分位範囲をそれぞれ答え，このデータの箱ひげ図を図示せよ。（目標時間2分30秒）

(3) (2) のデータを，1〜2，3〜4，5〜6，7〜8，9〜10 の5つの階級に分けるとき，階級3〜4の相対度数と，1〜4の累積相対度数を（分数のままでよい）答えよ。（目標時間30秒）

(4) 変量 x, y についてのデータが表で与えられている。この3組のデータについて次の値を求めよ。ただし小数には直さず，無理数のままで構わない。また，必要なら下の表を利用せよ。

x	30	40	50
y	50	30	40

(a) x の標準偏差　(b) x, y の共分散　(c) 相関係数
(目標時間2分)

x	y	$x - \overline{x}$	$y - \overline{y}$			
30	50					
40	30					
50	40					

(5) 偏差値が85であるデータは，平均値に標準偏差の ☐ 倍の値を加えた値である。空欄に適する数値を入れよ。(目標時間15秒)

(6) 変量 x, y についてのデータが右表で与えられている。このとき x, y の相関係数が -1 であることを，標準偏差と共分散を求めることで示せ。(解答略)(目標時間2分)

x	30	40	50
y	80	50	20

解答

中央値と四分位数

データ数をnとするとき，

- **中央値（第2四分位数）** n = 2m − 1（奇数）のとき，データを小さい順に並べた際の真ん中の値（m番目）。n = 2m のとき，真ん中2つ（m, m + 1番目）の平均値。
- **第1四分位数** n = 2m − 1（奇数）のとき，1番目から m − 1番目まで（真ん中を抜いた下）のデータの中央値のこと。n = 2m のとき，1番目から m番目までのデータの中央値のこと。（下図のイメージを焼き付ける！）

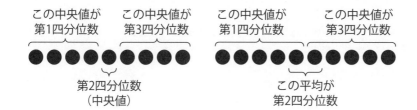

この中央値が第1四分位数　この中央値が第3四分位数　　この中央値が第1四分位数　この中央値が第3四分位数

第2四分位数（中央値）　　　この平均が第2四分位数

- **第 3 四分位数**　$n = 2m - 1$（奇数）のとき，$m + 1$ 番目から $2m - 1$ 番目まで（真ん中を抜いた上半分）のデータの中央値。$n = 2m$ のとき，$m + 1$ 番目から $2m$ 番目までのデータの中央値のこと。

箱ひげ図（5 数要約）と範囲

最小値	第 1 四分位数	中央値	第 3 四分位数	最大値
1	3	5	8	10

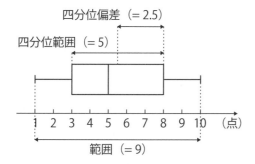

四分位偏差（= 2.5）

四分位範囲（= 5）

範囲（= 9）

上表の統計量を反映させた図を**箱ひげ図**という。

- **第 1・第 3 四分位数**……長方形の向かい合う縦の辺。
- **中央値**……箱の内部の線分。

箱の左端から最小値まで，箱の右端から最大値まで線分（ひげ）で結ぶ。

- **範囲**「最大値 - 最小値」
- **四分位範囲**「第 3 四分位数 - 第 1 四分位数」
- **四分位偏差**「四分位範囲の半分の大きさ」

(1)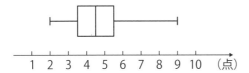
この中央値が第1　この中央値が第3

$2, 3, 4, \underline{4}$　,　$\underline{5}, 5, 6, 9$　　　　　　（下線部の平均が中央値）

よって，中央値は $\boxed{4.5}$ 。第1四分位数は 3，4 の平均で $\boxed{3.5}$ ，第3四分位数は 5，6 の平均で $\boxed{5.5}$ ，四分位偏差は 3.5，5.5 の差の半分で $\boxed{1}$ 。

(2)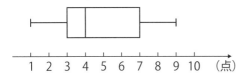
この中央値が第1　この中央値が第3

$1, 3, 3, 3$　,4,　$5, 6, 8, 9$

よって，中央値は $\boxed{4}$ 。第1四分位数は 3，3 の平均で $\boxed{3}$ ，第3四分位数は 6，8 の平均で $\boxed{7}$ ，四分位範囲は 3，7 の差で $\boxed{4}$ 。

(3) 3～4の階級には4個のデータが含まれるので，全データ9に対する割合が求める相対度数で，4/9。1～4には5個のデータが含まれるので，累積相対度数は5/9。

分散・標準偏差・共分散・相関係数の定義

　2変量 x，y のデータ (x_1, y_1)，(x_2, y_2)，…，(x_n, y_n) について，$\overline{x}$，$\overline{y}$ をそれぞれの平均とするとき，$x_i - \overline{x}$ を**偏差**，$(x_i - \overline{x})^2$ を**偏差平方**といい，偏差平方の平均

$$s_x{}^2 = \frac{1}{n}\{(x_1 - \overline{x})^2 + (x_2 - \overline{x})^2 + \cdots + (x_n - \overline{x})^2\}$$

を**分散**，分散の正の平方根 s_x を**標準偏差**という。
　また，2変量 x，y の各データの偏差の積 $(x_i - \overline{x})(y_i - \overline{y})$ の平均

$$s_{xy} = \frac{1}{n}\{(x_1 - \overline{x})(y_1 - \overline{y}) + (x_2 - \overline{x})(y_2 - \overline{y}) + \cdots + (x_n - \overline{x})(y_n - \overline{y})\}$$

を**共分散**，

$$\frac{s_{xy}}{s_x s_y} \quad \left(= \frac{(共分散)}{(標準偏差の積)} \right)$$

を**相関係数**という。相関係数の絶対値が約 0.7 以上のとき，**相関が強い**といわれる。相関係数が正である（x が増えるとともに y も増える傾向にある）とき，x, y には**正の相関関係がある**といい，相関係数が負である（x が増えるとともに y は減る傾向にある）とき，x, y には**負の相関関係がある**という。また散布図でデータが一直線上に並ぶとき，相関係数は ± 1 となる（→ (5)）。

(4)

x	y	$x - \overline{x}$	$y - \overline{y}$	$(x - \overline{x})^2$	$(y - \overline{y})^2$	$(x - \overline{x})(y - \overline{y})$
30	50	−10	10	100	100	−100
40	30	0	−10	0	100	0
50	40	10	0	100	0	0

(a) 表より $(x - \overline{x})^2$ の和は 200 なので，x の分散は 200/3 で，標準偏差は $s_x = \sqrt{200/3} = 10\sqrt{6}/3$。

(b) 表より $(x - \overline{x})(y - \overline{y})$ の和は−100 なので，共分散は $s_{xy} = -100/3$。

(c) y の標準偏差も $s_y = \sqrt{200/3}$ で，相関係数は
$s_{xy}/(s_x \cdot s_y) = (-100/3)/(\sqrt{200/3} \cdot \sqrt{200/3}) = -0.5$。

(5) 3.5　$(偏差値) = 50 + 10 \times \dfrac{(該当データ) - (平均値)}{(標準偏差)}$

（偏差値は，標準偏差 1 つ分を 10 に換算した値である。）

第4章

表計算による
データ分析の基礎 I

　本章は，第2章で学んだ「表計算スキル」を活用して，第3章で扱った統計量の計算を具体的に行っていきます。4.5節では，試験の成績データを用いたそれなりの数のデータでの実践演習を行います。

3.3節で扱ったデータと同じものを利用して，定義に基づいて諸統計量を計算します。

分散・標準偏差

	A	B	C	D	E	F	G	H	I	J
1	番号	科目A	Aの偏差	Aの偏差平方	Aの偏差値	番号	科目B	Bの偏差	Bの偏差平方	Bの偏差値
2	1	90				1	100			
3	2	80				2	100			
4	3	70				3	100			
5	4	70				4	80			
6	5	60				5	80			
7	6	60				6	70			
8	7	60				7	50			
9	8	50				8	50			
10	9	50				9	40			
11	10	50				10	40			
12	11	50				11	40			
13	12	40				12	40			
14	13	40				13	30			
15	14	30				14	20			
16	15	20				15	10			
17	16	20				16	0			
18	17	10				17	0			
19	A平均		A分散			B平均		B分散		
20			A標準偏差					B標準偏差		

図のように科目A，Bの17人の成績データが入力されていて，定義に基づいて以下の手順で分散と標準偏差，偏差値を計算していきます。

---

1. B19セルに平均値を出力します。
2. C列にB列とB19の差（偏差）を出力します。
3. D列にC列の2乗（偏差平方）を出力します。
4. D19にD列の平均値として分散（偏差平方の平均）を出力，さらに，D20に平方根をとって標準偏差を出力します。
5. E列に偏差値を出力します。（（Aの偏差）/（標準偏差））× 10 + 50で計算できます。（偏差値は平均値が50で，標準偏差1つ分の値が10になるように偏差(=（データ）−（平均））の値を変換したもの。）

（科目Bも同様に各自でやってみてください。）

1. B19 セルに「=AVERAGE(B2:B18)」を入力して平均を出します。
2. C2 セルに偏差「=B2-B$19」を入力し，B2 ～ B18 にかけてオートフィルを実行します。

C2:C18 ▼ | *fx* =B2-B$19

	A	B	C
1	番号	科目A	Aの偏差
2	1	90	40
3	2	80	30
4	3	70	20
5	4	70	20
6	5	60	10
7	6	60	10
8	7	60	10
9	8	50	0
10	9	50	0
11	10	50	0
12	11	50	0
13	12	40	-10
14	13	40	-10
15	14	30	-20
16	15	20	-30
17	16	20	-30
18	17	10	-40
19	A平均	50	A分散
20			A標準偏差

D2:D18 ▼ | *fx* =C2^2

	A	B	C	D
1	番号	科目A	Aの偏差	Aの偏差平方
2	1	90	40	1600
3	2	80	30	900
4	3	70	20	400
5	4	70	20	400
6	5	60	10	100
7	6	60	10	100
8	7	60	10	100
9	8	50	0	0
10	9	50	0	0
11	10	50	0	0
12	11	50	0	0
13	12	40	-10	100
14	13	40	-10	100
15	14	30	-20	400
16	15	20	-30	900
17	16	20	-30	900
18	17	10	-40	1600
19	A平均	50	A分散	447.0588235
20			A標準偏差	21.14376559

3. D2 セルに「=C2^2」を入力し，C2 ～ C18 までオートフィルをかけます。
4. D19 セルに「=AVERAGE(D2:D18)」を入力，D20 セルに「=SQRT(D19)」を入力します。
5. E2 セルに「=(C2/D$20)*10+50」を入力し，E2 ～ E18 にかけてオートフィルをかけます。

E2:E18 ▼ | *fx* =(C2/D$20)*10+50

	A	B	C	D	E
1	番号	科目A	Aの偏差	Aの偏差平方	Aの偏差値
2	1	90	40	1600	68.918106
3	2	80	30	900	64.188579
4	3	70	20	400	59.459053
5	4	70	20	400	59.459053
6	5	60	10	100	54.729526
7	6	60	10	100	54.729526
8	7	60	10	100	54.729526
9	8	50	0	0	50
10	9	50	0	0	50
11	10	50	0	0	50
12	11	50	0	0	50
13	12	40	-10	100	45.270473
14	13	40	-10	100	45.270473
15	14	30	-20	400	40.540946
16	15	20	-30	900	35.811420
17	16	20	-30	900	35.811420
18	17	10	-40	1600	31.081893

	A	B	C	D	E	F	G	H	I	J
1	番号	科目A	Aの偏差	Aの偏差平方	Aの偏差値	番号	科目B	Bの偏差	Bの偏差平方	Bの偏差値
2	1	90	40	1600	68.918106	1	100	50	2500	65.36590743
3	2	80	30	900	64.188579	2	100	50	2500	65.36590743
4	3	70	20	400	59.459053	3	100	50	2500	65.36590743
5	4	70	20	400	59.459053	4	80	30	900	59.21954446
6	5	60	10	100	54.729526	5	80	30	900	59.21954446
7	6	60	10	100	54.729526	6	70	20	400	56.14636297
8	7	60	10	100	54.729526	7	50	0	0	50
9	8	50	0	0	50	8	50	0	0	50
10	9	50	0	0	50	9	40	-10	100	46.92681851
11	10	50	0	0	50	10	40	-10	100	46.92681851
12	11	50	0	0	50	11	40	-10	100	46.92681851
13	12	40	-10	100	45.270473	12	40	-10	100	46.92681851
14	13	40	-10	100	45.270473	13	30	-20	400	43.85363703
15	14	30	-20	400	40.540946	14	20	-30	900	40.78045554
16	15	20	-30	900	35.811420	15	10	-40	1600	37.70727406
17	16	20	-30	900	35.811420	16	0	-50	2500	34.63409257
18	17	10	-40	1600	31.081893	17	0	-50	2500	34.63409257
19	A平均	50	A分散	447.0588235		B平均	50	B分散	1058.823529	
20			A標準偏差	21.14376559				B標準偏差	32.53956867	

3.4 節で扱ったデータと同じものを利用して，定義に基づいて諸統計量を計算します。

	A	B	C	D	E	F	G	H	I	J	K
1	ID	50m(x)	幅跳び(y)	x偏差	y偏差	偏差の積	x偏差平方	y偏差平方			
2	1	6.8	475								
3	2	6.9	410								
4	3	6.9	403								
5	4	7.1	432								
6	5	7.4	405								
7	6	6.5	425								
8	7	7	418								
9	8	6.9	505								
10	9	6.7	420								
11	10	6.7	494								
12	11	6.9	492								
13	12	7.3	420								
14	13	7.6	403								
15	14	7.8	385								
16	15	7.1	469								
17	16	6.7	465								
18	17	7.3	475								
19	18	7.3	409								
20	19	6.7	452								
21	20	7.1	458								
22	平均										
23						↑共分散	↑x分散	↑y分散	↑x標準偏差	↑y標準偏差	↑相関係数

1. B22，C22 セルに各列の平均値を出力します。
2. D 列に B 列の偏差を，E 列に C 列の偏差を出力します。
3. 共分散を求めるために，F 列に D，E 列で求めた偏差の積を出力します。
4. 分散・標準偏差を求めるために，G，H 列に D，E 列で求めた偏差の平方を出力します。
5. F22，G22，H22 に各列の平均値を求め，それぞれ共分散，x，y の分散が求められます。
6. I22，J22，K22 セルに，x，y の標準偏差，相関係数を出力します。

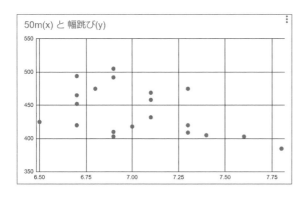

1. B23 セルに「=AVERAGE(B2:B21)」を入力し，C22 にかけてオートフィルを行う。
2. D2 セルに「=B2-B$22」を入力し，E2 にかけてオートフィル，さらにそのまま E21 にかけて 2 列についてオートフィルを行う。

	A	B	C	D
	ID	50m(x)	幅跳び(y)	x偏差
1	1	6.8	475	
2	2	6.9	410	
3	3	6.9	403	
4	4	7.1	432	
5	5	7.4	405	
6	6	6.5	425	
7	7	7	418	
8	8	6.9	505	
9	9	6.7	420	
10	10	6.7	494	
11	11	6.9	492	
12	12	7.3	420	
13	13	7.6	403	
14	14	7.8	385	
15	15	7.1	469	
16	16	6.7	465	
17	17	7.3	475	
18	18	7.3	409	
19	19	6.7	452	
20	20	7.1	458	
平均		7.035	440.75	

B22:C22 ▼ | fx =AVERAGE(B2:B21)

	A	B	C	D	E
	ID	50m(x)	幅跳び(y)	x偏差	y偏差
1	1	6.8	475	-0.235	34.25
2	2	6.9	410	-0.1	-30.75
3	3	6.9	403	-0.1	-37.75
4	4	7.1	432	0.065	-8.75
5	5	7.4	405	0.365	-35.75
6	6	6.5	425	-0.535	-15.75
7	7	7	418	-0.035	-22.75
8	8	6.9	505	-0.1	64.25
9	9	6.7	420	-0.335	-20.75
10	10	6.7	494	-0.335	53.25
11	11	6.9	492	-0.1	51.25
12	12	7.3	420	0.265	-20.75
13	13	7.6	403	0.565	-37.75
14	14	7.8	385	0.765	-55.75
15	15	7.1	469	0.065	28.25
16	16	6.7	465	-0.335	24.25
17	17	7.3	475	0.265	34.25
18	18	7.3	409	0.265	-31.75
19	19	6.7	452	-0.335	11.25
20	20	7.1	458	0.065	17.25

D2:E21 ▼ | fx =B2-B$22

3. F2 セルに「=D2*E2」を入力し，F2 〜 F21 にかけてオートフィルを行う。

4. G2 セルに「=D2^2」を入力し，G2 〜 H21 セルにかけてオートフィルを行う。

	A	B	C	D	E	F	G	H
	ID	50m(x)	幅跳び(y)	x偏差	y偏差	偏差の積	x偏差平方	y偏差平方
1	1	6.8	475	-0.235	34.25	-8.04875	0.055225	1173.0625
2	2	6.9	410	-0.1	-30.75	4.15125	0.018225	945.5625
3	3	6.9	403	-0.1	-37.75	5.09625	0.018225	1425.0625
4	4	7.1	432	0.065	-8.75	-0.56875	0.004225	76.5625
5	5	7.4	405	0.365	-35.75	-13.04875	0.133225	1278.0625
6	6	6.5	425	-0.535	-15.75	8.42625	0.286225	248.0625
7	7	7	418	-0.035	-22.75	0.79625	0.001225	517.5625
8	8	6.9	505	-0.1	64.25	-8.67375	0.018225	4128.0625
9	9	6.7	420	-0.335	-20.75	6.95125	0.112225	430.5625
10	10	6.7	494	-0.335	53.25	-17.83875	0.112225	2835.5625
11	11	6.9	492	-0.1	51.25	-6.91875	0.018225	2626.5625
12	12	7.3	420	0.265	-20.75	-5.49875	0.070225	430.5625
13	13	7.6	403	0.565	-37.75	-21.32875	0.319225	1425.0625
14	14	7.8	385	0.765	-55.75	-42.64875	0.585225	3108.0625
15	15	7.1	469	0.065	28.25	1.83625	0.004225	798.0625
16	16	6.7	465	-0.335	24.25	-8.12375	0.112225	588.0625
17	17	7.3	475	0.265	34.25	9.07625	0.070225	1173.0625
18	18	7.3	409	0.265	-31.75	-8.41375	0.070225	1008.0625
19	19	6.7	452	-0.335	11.25	-3.76875	0.112225	126.5625
20	20	7.1	458	0.065	17.25	1.12125	0.004225	297.5625

G2:H21 ▼ | fx =D2^2

5. F22 に「=AVERAGE(F2:F21)」を入力すると，共分散がわかります。そのまま H22 にオートフィルを行うと，G22，H22 に分散が出力されます。

6. I22 セルに「=SQRT(G22)」，J22 セルに「=SQRT(H22)」を入力して標準偏差が出力されます。K22 セルに「=(F22)/(I22*J22)」を入力すると，相関係数が出力されます。

K22		▾	fx	=F22/(I22*J22)						
	A	B	C	D	E	F	G	H	I	J	K
1	ID	50m(x)	幅跳び(y)	x偏差	y偏差	偏差の積	x偏差平方	y偏差平方			
2	1	6.8	475	-0.235	34.25	-8.04875	0.055225	1173.0625			
3	2	6.9	410	-0.1	-30.75	4.15125	0.018225	945.5625			
4	3	6.9	403	-0.1	-37.75	5.09625	0.018225	1425.0625			
5	4	7.1	432	0.065	-8.75	-0.56875	0.004225	76.5625			
6	5	7.4	405	0.365	-35.75	-13.04875	0.133225	1278.0625			
7	6	6.5	425	-0.535	-15.75	8.42625	0.286225	248.0625			
8	7	7	418	-0.035	-22.75	0.79625	0.001225	517.5625			
9	8	6.9	505	-0.1	64.25	-8.67375	0.018225	4128.0625			
10	9	6.7	420	-0.335	-20.75	6.95125	0.112225	430.5625			
11	10	6.7	494	-0.335	53.25	-17.83875	0.112225	2835.5625			
12	11	6.9	492	-0.1	51.25	-6.91875	0.018225	2626.5625			
13	12	7.3	420	0.265	-20.75	-5.49875	0.070225	430.5625			
14	13	7.6	403	0.565	-37.75	-21.32875	0.319225	1425.0625			
15	14	7.8	385	0.765	-55.75	-42.64875	0.585225	3108.0625			
16	15	7.1	469	0.065	28.25	1.83625	0.004225	798.0625			
17	16	6.7	465	-0.335	24.25	-8.12375	0.112225	588.0625			
18	17	7.3	475	0.265	34.25	9.07625	0.070225	1173.0625			
19	18	7.3	409	0.265	-31.75	-8.41375	0.070225	1008.0625			
20	19	6.7	452	-0.335	11.25	-3.76875	0.112225	126.5625			
21	20	7.1	458	0.065	17.25	1.12125	0.004225	297.5625			
22	平均	7.035	440.75			-5.37125	0.106275	1231.9875	0.325998466	35.09967949	-0.46941467
23						↑共分散	↑x分散	↑y分散	↑x標準偏差	↑y標準偏差	↑相関係数

参考 **散布図の出力（詳細は 4.3 節で再論）** -------------------------------------

A1 〜 C21 セルを範囲選択して，［挿入］→［グラフ］を選択します。画面右端に表示されるグラフエディタで「散布図」を選択します。

X 軸（横軸データ）と系列（縦軸データ）が自動的に選択されているので，変更する必要が生じる場合があります。例えば下図のように表示されている場合について説明します。

まず，X軸は「50m(x)」なので，［⋮］を押してIDを「削除」，続けて「x軸を追加」を押して，「50m(x)」を選択します。さらに系列の「50m(x)」は不要なので，［⋮］を押して削除します。

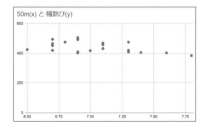

図のように，表示される値の範囲に偏りがあり，相関関係が読みにくくなることもあります。

エディタの「カスタマイズ」→「縦軸」を選択し，最小値を例えば「350」と指定することで，描出される範囲を限定することができ，それなりの（負の）相関関係があることが可視化できます。（もちろん相関係数の数値を求めて判断するほうが正確な判断につながることは言うまでもありません。図では，さらに「グリッドライン」で，色を黒に変更して，縦と横の補助線（グリッドライン）が明確に表示されるようにしています。）

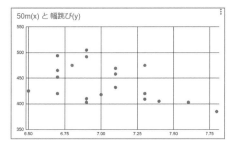

4.2 度数分布表とヒストグラム

テストの成績データについて分析することを念頭に置いて，その処理に適切な関数やグラフについて紹介しておきます。さらなる関数の導入，グラフの描き方を紹介します。

Googleスプレッドシートにはヒストグラムを直接描画するツールは用意されているものの，階級の選択に自由度がないため，まずは度数分布表を書いてから，「棒グラフ」としてヒストグラムを描く方法について説明します。（実質，棒どうしがつながっているか否かの違いです。）

2.8 節で用いた 100 点満点のテストの成績データを取り上げます。数学の成績を 10 点刻みの階級に分けていくことを考えます。

	A	B	C
1	番号	国語	数学
2	1	46	37
3	2	38	80
4	3	73	92
5	4	90	82
6	5	67	71
7	6	58	80
8	7	54	23
9	8	69	45
10	9	60	52
11	10	40	79

まず，E 列に階級を入力します。（残念ながら「10 〜 19」を入力した後のオートフィルはうまくいきません。ただし，楽に作成する方法もあります。後述の（参考）を参照）

次に，各階級の上限値を F 列に入力します。（※階級値は階級の中央値を指しますが，ここで必要なのは階級上限値です。例えば 10 〜 19 の階級上限値は 19 を表します。）

各階級に入るデータの数である**度数**を求める際に使う関数に，

    FREQUENCY(データ範囲 , 階級上限値のデータ範囲)

があります（FREQUENCY：頻度・周波数）。

G2 セルにこの関数を入力します。データは C 列の数学の成績にあるので「C2:C11」，そして階級上限は「F2:F10」（F11 の 100 はなくてよい点に注意）とします。したがって G2 セルには，

    =FREQUENCY(C2:C11,F2:F10)

と入力します。Enter を押すと，G2 だけでなく，G11 まで各階級の度数が表示されます。（最後の G11 セルの値は，「どの階級にも含まれない値」の度数が表示されます。）

G2			▼		fx	=FREQUENCY(C2:C11,F2:F10)	
	A	B	C	D	E	F	G
1	番号	国語	数学		階級	階級上限	度数
2	1	46	37		10〜19	19	0
3	2	38	80		20〜29	29	1
4	3	73	92		30〜39	39	1
5	4	90	82		40〜49	49	1
6	5	67	71		50〜59	59	1
7	6	58	80		60〜69	69	0
8	7	54	23		70〜79	79	2
9	8	69	45		80〜89	89	3
10	9	60	52		90〜99	99	1
11	10	40	79		100	100	0

それでは，この度数分布表をグラフ化（ヒストグラム）します。最初に E 〜 G 列のデータ部分を範囲選択して，［挿入］→［グラフ］をクリックすると，次のような縦棒グラフが表示されます。

（重要な注意）必ず縦棒グラフを選択！

図とは異なるグラフが出力された場合は，グラフエディタから「縦棒グラフ」を選択します。「ヒストグラム」にすると階級が自動的に決められて不都合が生じます。

	A	B	C	D	E	F	G
1	番号	国語	数学		階級	階級上限	度数
2	1	46	37		10〜19	19	0
3	2	38	80		20〜29	29	1
4	3	73	92		30〜39	39	1
5	4	90	82		40〜49	49	1
6	5	67	71		50〜59	59	1
7	6	58	80		60〜69	69	0
8	7	54	23		70〜79	79	2
9	8	69	45		80〜89	89	3
10	9	60	52		90〜99	99	1
11	10	40	79		100	100	0

　F列の階級上限値も含まれているので，画面右に表示されるグラフエディタの系列「階級上限値」を削除します。以上の操作で，縦棒グラフとしてではありますが，ヒストグラムが表示できます。

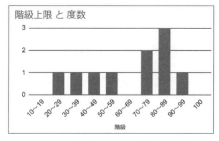

参考　グラフエディタのカスタマイズの利用

　画面右のグラフエディタのカスタマイズの「縦軸」「横軸」で目盛りのフォントサイズ，「グリッドラインと目盛り」でグリッドライン（横線）の色を黒に変えて前図は表示しています。

階級の楽な入れ方（文字列の連結） ----------------------------------

　先に説明した度数分布表の作り方で，階級をオートフィルを用いて楽に入力する方法を説明します。

　まず先に，階級上限値 F 列をオートフィルで入力しておきます。F2, F3 に 19, 29 と入力し，オートフィルで転写すると，以降差が 10 の等差数列として出力されます。

　次に E2 セルに，

$$=(F2-9)\&" \sim "\&F2$$

と入力します。セルの出力値と "" （ダブルクォーテーション）で囲まれた文字列を，「&」で結合して出力させることができます。この場合 F2-9 で 19 − 9 = 10 を出力，結果「10 〜 19」という文字列が出力されます。これをそのままオートフィルで転写することで，E 列の階級を埋めることができます。

E2	▼	*fx*	=(F2-9)&"〜"&F2		
	A	B	C	D	E	F
1	番号	国語	数学		階級	階級上限
2	1	46	37		10〜19	19
3	2	38	80		20〜29	29
4	3	73	92		30〜39	39

 COUNTIF 関数を利用して度数分布表を求める方法（やや難） --------------------

　COUNTIF 関数を利用しても度数分布表が作成できます。G2 セルには，

$$=COUNTIF(C\$2:C\$11,"<="\&F3)$$

を，G3 セルには，

$$=COUNTIF(C\$2:C\$11,"<="\&F3)-SUM(G\$2:G2)$$

を入力して，G11 セルまでオートフィルで転写することで作成できます。ここで用いた式の意味は，COUNTIF 関数の使い方も含めて各自で調べて，理解してみてください。（まだ基礎の段階であるここでの詳しい解説は避けて，余力のある人のための練習問題とします。）

G3	▼	*fx*	=COUNTIF(C$2:C$11,"<="&F3)-SUM(G$2:G2)				
	A	B	C	D	E	F	G	H
1	番号	国語	数学		階級	階級上限	度数	
2	1	46	37		10〜19	19	0	
3	2	38	80		20〜29	29	1	
4	3	73	92		30〜39	39	1	
5	4	90	82		40〜49	49	1	
6	5	67	71		50〜59	59	1	

Google スプレッドシートの場合と同様，E ～ G 列を範囲選択して，[挿入] → [グラフ] の右下のボタンを押します。[すべてのグラフ] → [縦棒グラフ] を選択すると，下のように表示されます。

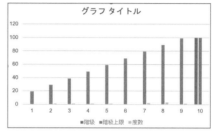

[データ] 欄の [データの選択] を押して，凡例は「度数」のみにチェック，横軸のラベルは [編集] を押して，階級を表す「E2:E11」を選択します。これで同様のグラフが作成できます。

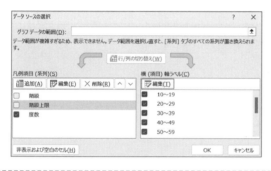

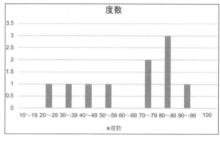

4.3　四分位数と箱ひげ図

先ほどと同じ国語と数学の得点データを用います。

	A	B	C
1	番号	国語	数学
2	1	46	37
3	2	38	80
4	3	73	92
5	4	90	82
6	5	67	71
7	6	58	80
8	7	54	23
9	8	69	45
10	9	60	52
11	10	40	79
12			

まず，四分位数を求めます。QUARTILE 関数が用意されています。（Excel では，QUARTILE.INC を用います）

=QUARTILE(範囲 , 引数)

（引数には，最小値：0，第1四分位数：1，中央値：2，第3四分位数：3，最大値：4をそれぞれ入力します。）

例えば，数学の第1四分位数は，

=QUARTILE(C2:C11,1)

と入力します。

（重要な注意）QUARTILE 関数の四分位数の定義は先述のものと異なる。

3.2 節で定義した四分位数と，Excel やスプレッドシートの関数で出力される四分位数とでは定義が若干異なります（8.2 節参照）。ただし，下から約 1/4，3/4 の順位の値を表していることには変わりなく，指標としての利用法には影響は出ません。

	A	B	C	D	E	F	G
	番号	国語	数学			国語	数学
2	1	46	37		最大値	90	92
3	2	38	80		第3四分位数	68.5	80
4	3	73	92		第1四分位数	48	46.75
5	4	90	82		最小値	38	23
6	5	67	71		中央値	59	75

F2　=QUARTILE(B$2:B$11,4)

次に箱ひげ図を描きます。スプレッドシートの場合は，「ローソク足チャート図」という株価変動に用いるグラフで代用します。中央値に相当するものがないので，上表のように中央値は最後に配置して，箱ひげ図には反映させないことにします。

（タイトルと中央値を除く4つの値を示した）「F1:G5」を範囲選択して，［挿入］→［グラフ］でグラフを描画します。ここで，まずグラフは下のほうにスクロールして「ローソク足チャート図」を選択します。さらに，グラフエディタの「行と列を切り替える」を選択，その後表示される「列Fを見出しとして使用」のチェックを外してください。すると下図のような箱ひげ図が作成できます。

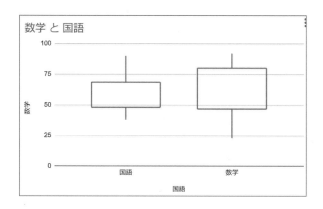

　さらに，「カスタマイズ」の「グラフと軸のタイトル」→「縦軸（横軸）のタイトル」で，左端と下端の不要な「国語」と「数学」のラベルを消すことで，グラフから表示を削除することができます。

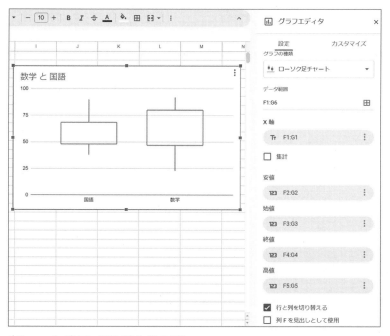

（チェックボタン切り替え後の図）

Excel の場合は，四分位数を求めることなく，直接データの範囲を選択して，グラフの挿入方法により，箱ひげ図を描画することができます。

　国語と数学のデータが入っている「B1:C11」を範囲選択して，［挿入］→［グラフ］の右下のボタンを押します。すべてのグラフから「箱ひげ図」を選択すると，中央値も含めて描出できます。

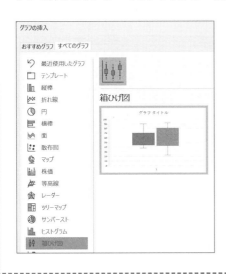

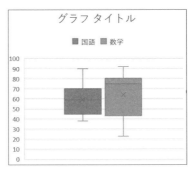

4.4 散布図と相関分析・回帰分析（関数を利用）

　ここでは，図の 100 点満点の数学と理科の成績データを用います。

	A	B	C
1	番号	数学	理科
2	1	37	20
3	2	80	96
4	3	92	100
5	4	82	70
6	5	71	80
7	6	80	86
8	7	23	10
9	8	45	68
10	9	52	70
11	10	79	75

　最初に，分散（Variance）と標準偏差（Standard Deviation）の関数について扱います。

　分散の関数はいくつかありますが，高校レベルでは，データ全体（母集団）について考える「VAR.P(データ範囲)」を用います。標準偏差も同様にいくつかありますが，「STDEV.P(データ

範囲)」を用います。

　数学と理科の分散，標準偏差などの数値は下表のとおりです（※定期試験では通例，平均よりも中央値は高くなります）。

　　VAR.P(B2:B11)，STDEV.P(B2:B11)

と入力します。

fx	=STDEV.P(B2:B11)						
	A	B	C	D	E	F	G
1	番号	数学	理科			数学	理科
2	1	37	20		中央値	75	72.5
3	2	80	96		平均	64.1	67.5
4	3	92	100		分散	480.89	799.85
5	4	82	70		標準偏差	21.929204	28.281619
6	5	71	80				
7	6	80	86				

（注意）VAR.S，STDEV.S は微妙に意味内容が違う

　VAR.P はデータ数 n で平均をとっていますが，VAR.S は n ではなく n－1 で割っています（**不偏分散**と呼ばれる量です）。n が大きい（30 以上）とさほど違いは生じませんが，データ数が少ない，特に標本調査という調査対象としたい全体集団（母集団）から一部を標本（サンプル）として抽出して，標準偏差などの値を求めるときに，統計学の理論上 n－1 で割ることが要請される都合上，VAR.S，STDEV.S が使われます（本書のレベルを超えるので，詳述は略します）。

　次に，数学と理科の成績の相関（Correlation）について調べていきます。

　まず，2 量のデータの散布図を描きます。B, C 列のデータを範囲選択し，［挿入］→［グラフ］をクリックし，グラフエディタ画面で散布図を選択すると，下のように数学を横軸，理科を縦軸とした散布図が表示できます。

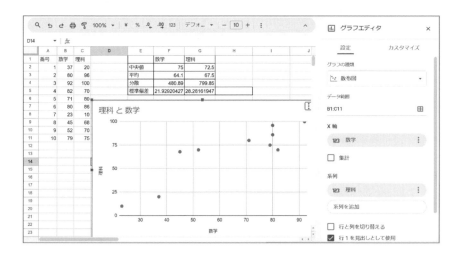

この 2 変量の相関係数を求めるときは，「CORREL(データ範囲 1, データ範囲 2)」を用います。この場合，数学は B2:B11，理科は C2:C11 なので，

```
=CORREL(B2:B11,C2:C11)
```

で計算でき，「0.888……」と出力されます。

　一般的に**相関係数が 0.7 以上**の時には「強い相関関係がある」とみなし，**回帰直線**とよばれるデータの分布の近似直線を引くことに意義があると判断されます。

	A	B	C	D	E	F	G
1	番号	数学	理科			数学	理科
2	1	37	20		中央値	75	72.5
3	2	80	96		平均	64.1	67.5
4	3	92	100		分散	480.89	799.85
5	4	82	70		標準偏差	21.929204	28.281619
6	5	71	80				
7	6	80	86		相関係数	0.8880294	
8	7	23	10		傾き	1.1452723	
9	8	45	68		y切片	-5.911954	
10	9	52	70				
11	10	79	75				

fx =SLOPE(C2:C11,B2:B11)

　回帰直線の傾き（Slope）は「=SLOPE(y(縦軸) のデータ範囲 ,x(横軸) のデータ範囲)」で，y切片（Intercept）は，「=INTERCEPT(y(縦軸) のデータ範囲 ,x(横軸) のデータ範囲)」で計算できます。**（いずれも，y の範囲を先に記述するのがポイント！）**

```
=SLOPE(C2:C11,B2:B11), =INTERCEPT(C2:C11,B2:B11)
```

と入力します。

　この成績データの場合，回帰直線は，「$y = (1.14)x + (-5.91)$」と表されることが分かります。

（注意）相関係数のデータ範囲は x，y 逆でもよいが，回帰直線の傾きと切片は不可

　これは 3.5 節で導出した回帰直線の傾きの式にあります。傾きの式の分母は「x の分散」であったのに対し，相関係数の分母は「x，y の標準偏差の積」でした。したがって，相関係数は x，y の入れ替えが可能であるのに対し，回帰直線は x，y を入れ替える（つまり横軸と縦軸を入れ替える）と異なる式が出てきてしまいます。

　以下，先ほどの散布図にこの直線を追加する方法について説明します。

　まず，先ほどの B 列の数学の成績データの下（B12:B21）に，10，20，30，……，100 の値を入力します。そして D 列に「理科 (推定値)」の欄を設け，回帰直線に基づく理科の成績の推定値として用います。（必要なら，D 列，E 列の間に列を 1 つ追加します。E のラベルをクリックして E 列を範囲選択した上で，右クリック（タッチパッドの場合は 2 本指で軽く叩く）をす

ると，列が追加できます。）

そして D12 セルに，

    =B12*F$8+F$9

を入力し，下方にオートフィルで複写します。

D12		▼		ƒx =B12*F$8+F$9			
	A	B	C	D	E	F	G
1	番号	数学	理科	理科(推定値)		数学	理科
2	1	37	20		中央値	75	72.5
3	2	80	96		平均	64.1	67.5
4	3	92	100		分散	480.89	799.85
5	4	82	70		標準偏差	21.92920427	28.28161947
6	5	71	80				
7	6	80	86		相関係数	0.888029428	
8	7	23	10		傾き	1.145272308	
9	8	45	68		y切片	-5.911954917	
10	9	52	70				
11	10	79	75				
12		10		5.540768159			
13		20		16.99349124			
14		30		28.44621431			

B1:D21 を範囲選択し，［挿入］→［グラフ］をクリックすると，グラフが表示されますが，場合によっては，グラフエディタで，「散布図」への変更，カスタマイズで「横軸(X軸)」のラベルを「数学」に変更するなどの修正が必要になります。

赤点で描かれたデータは直線上に位置することになり，これが回帰直線を表しています。

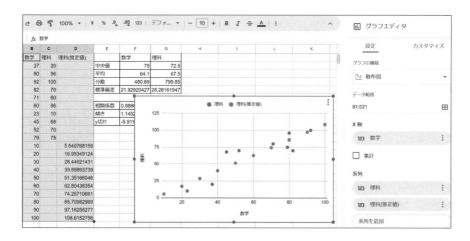

回帰直線を表示する簡単な方法（トレンドライン）

元データの散布図を描いた後，グラフエディタの「カスタマイズ」→「系列」をクリックし，下の方にスクロールすると，**トレンドライン**というラベルのチェックボタンが表示されます。

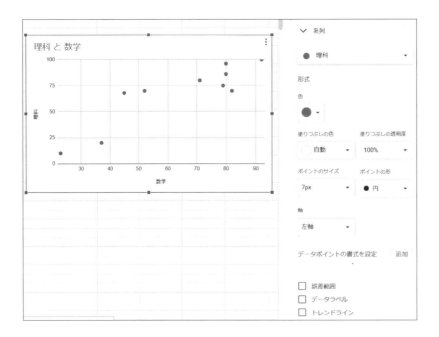

これで散布図に回帰直線が追加表示されます。さらにその下のラベルを選択し「方程式を使用」を選ぶと，回帰直線の式も表示できます（さらにその下に**決定係数**とありますが，これは「相関係数を2乗した値」と考えてください）。

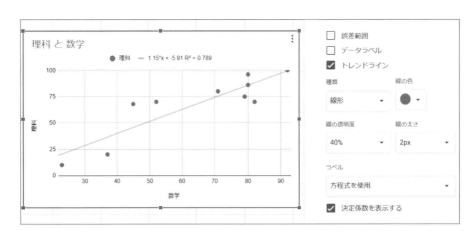

Excel で描画する場合

B1:C11 を範囲選択して，［挿入］→［グラフ］の右下のチェックボタンをクリックして，「すべてのグラフ」から「散布図」を選択します。

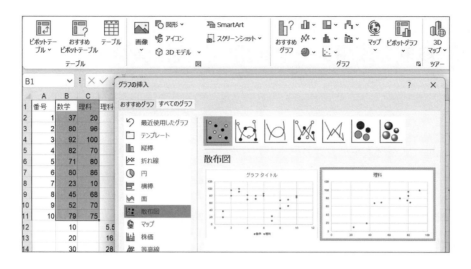

「＋」マークを選択して「近似曲線」→「線形」をクリックすると，回帰直線が描画できます（線形は 1 次式の意味です）。

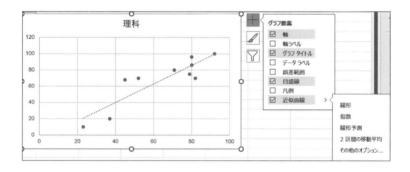

再び，「近似曲線」→「その他のオプション」を選択すると，「近似曲線の書式設定」が表示でき，「グラフに数式を表示する」にチェックを入れると，グラフ上に数式が表示できます。

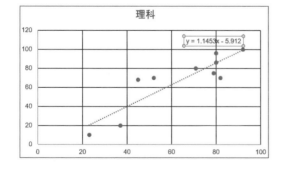

4.5 試験の成績データを用いた実践演習

ここでは，著者の勤務校のある年度のあるクラス 42 名の期末試験データ（を少し加工したもの）を用いて，ある程度の件数のデータ分析を行っていくことにします。

	A	B	C	D	E	F	G	H	I	J	K	L	M	N
1	1学期総合成績													
2														
3	番号	現代文	古典	世界史	数学Ⅱ	数学B	物理	化学	生物	体育	音楽	美術	英語Ⅰ	英語Ⅱ
4	1	75	88	88	60	66	77	85	84	93	85		64	76
5	2	68	56	76	28	46	47	55	58	82		74	91	87
6	3	42	57	73	51	65	75	65	51	63	83		55	44
7	4	71	84	80	46	63	57	70	85	82	89		60	72
8	5	61	58	65	44	61	54	61	48	85	90		78	88
9	6	66	62	77	27	64	53	74	64	82		76	39	37
10	7	34	33	52	42	51	51	53	30	93	70		86	87
41	38	69	76	81	78	75	77	81	84	93	89		88	88
42	39	84	84	92	74	77	77	81	70	78		97	95	93
43	40	85	91	95	90	100	93	96	94	83		100	98	90
44	41	76	89	90	75	73	84	86	85	93	89		80	97
45	42	55	80	74	89	57	69	68	59	82	86		72	67

まず，次の問に答えながら基本の操作法の確認をしていきましょう。

課題

次の手順に従って分析します。

(1) O 列に各生徒の全科目の平均点を出力（AVERAGE 関数 + オートフィル）し，ROUND 関数を用いて小数点以下第 1 位まで表示しなさい。

(2) 46 行目に各教科の平均点，47 行目に STDEV.P 関数を用いて各教科の標準偏差を出力しなさい。また，標準偏差の比較的大きな科目と小さな科目を挙げなさい（標準偏差が 10 以下だと小さめ，17 を超えると比較的大きいと判断します）。

(3) P 列に，気になる科目または全科目平均に関する各生徒の偏差値を出力しなさい。ただし，偏差値は，

$$50 + \frac{(各生徒の点数) - (平均点)}{(標準偏差)} \times 10$$

で求められます（標準偏差 1 つ分を 10 に換算）。オートフィルを用いる際には，平均点と標準偏差に $ マークをつける必要があります。

（4）Q〜S列目に，気になる科目1つの度数分布表（階級は10点刻み）を作成し，縦棒グラフを用いてヒストグラムを作成しなさい。（グラフの選択でヒストグラムにしないこと！）

（5）数学Bと物理の相関係数をCORREL関数で求め，2科目の散布図を描画しなさい。また，（相関が高いので）数学Bの成績を横軸とする回帰直線を同じ画面に描画しなさい。（SLOPE，INTERCEPT関数で傾き，切片を求めて描画する方法と，トレンドラインとして描画する方法のいずれかを用いよ。）

（6）相関係数は-1〜1で表され，絶対値が0.7付近〜1のとき強い相関があり，0.4付近〜0.7付近は（まずまずの）相関がある，0.4以下は弱い相関があると判断することが多い（あくまでこの判断は主観・経験論）です。このことに基づいて，相関の強そうな2科目・弱そうな2科目を計4つ以上選び，相関係数を出力することで，事前に予想していた相関の強弱の印象と一致するかどうか，それぞれ論じなさい。

（7）その他扱っている成績データについて，推察される仮説を一つ以上立てて，適切なグラフや数値を用いてその仮説が正しいか検証しなさい。（仮説は例のように自信がなくても必ず命題にすること。疑問文はダメ）

仮説の例：学年総合成績が良い人ほど，英語と数学の両方ができる傾向にある。

課題の解答例

（1）まず，O4セルには「=AVERAGE(B4:N4)」で平均を算出します（B4:N4は手入力でも，セル範囲の指定でもできます）。この出力値をROUND関数（ROUND(対象の値，小数第何位までもとめるか)と入力）で四捨五入して小数第1位まで求めるので，O4には

=ROUND(AVERAGE(B4:N4),1)

を入力して，O45までオートフィルで複写します（縦方向なので列は変わらず行番号だけ変わるので，$は不要です）。

O4	▼	f_x	=ROUND(AVERAGE(B4:N4),1)	
	L	M	N	O
1				
2				
3	美術	英語Ⅰ	英語Ⅱ	(1)総合平均
4		64	76	78.4
5	74	91	87	64

（2）（1）同様，B46，B47 セルにそれぞれ，

    =ROUND(AVERAGE(B4:B45),1), =ROUND(STDEV.P(B4:B45),1)

を入力して，この2セルを範囲選択して，O46，O47 まで同時にオートフィルで複写します。
　音楽と美術はばらつきが小さく，数学IIと英語Iは大きいことがわかります。

B47	▼	fx	=ROUND(STDEV.P(B4:B45),1)		
	A	B	C	D	E	F
41	38	69	76	81	78	75
42	39	84	84	92	74	77
43	40	85	91	95	90	100
44	41	76	89	90	75	73
45	42	55	80	74	89	57
46	(2)平均	67.3	72.3	78	59.5	66.3
47	標準偏差	11.5	12.8	12.4	18.8	12.3

（3）O列の総合平均についての偏差値を算出します。総合平均の平均値は O46，標準偏差は
O47 セルを参照します（現代文は B46，B47 セルです）。P4 セルには次のように入力し，P46
までオートフィルで複写します。

    =50+((O4-O$46)/O$47)*10

（縦方向のオートフィルで変えたいのは各データの O4 であり，O46 と O47 の番号は変わらな
いように $ をつける。）

P4	▼	fx	=50+((O4-O$46)/O$47)*10	
	L	M	N	O	P
1					
2					
3	美術	英語I	英語II	(1)総合平均	(3)全科目偏差値
4		64	76	78.4	56.13636364
5	74	91	87	64	39.77272727

（4）FREQUENCY 関数を用いるため，階級の上限値の欄を設けます。
　まず，R5〜R15 に 9，19，29，……，99，100 を入力します（9，19 を入力したら，こ
の2セルを範囲選択して，R14 までオートフィルで複写可能。最後に 100 を入力します）。
　Q列の階級をオートフィルで出力するには，R列の値に文字列の連結「&」を用いて記述しま
す。Q5 セルに，

    =(R5-9)&"〜"&R5（R5 が9なので，"0"&"〜"&"9" を行っていることになります。）

を入力して，Q14 までオートフィルで転写します。
※もちろん，階級数は少ないので手入力でも構いません。

Q5	▼	fx	=(R5-9)&"〜"&R5	
	O	P	Q	R
1				
2				
3	(1)総合平均	(3)全科目偏差値	(4)数学IIの度数分布	
4	78.4	56.13636364	階級	階級上限値
5	64	39.77272727	0〜9	9
6	60.3	35.56818182	10〜19	19

そして，ここでは数学Ⅱ（E列）の度数分布を求めます。S5には，

$=FREQUENCY(E4:E45,R5:R14)$（FREQUENCY(データ範囲,階級上限値)）

を入力すると，一気に度数が出力できます（階級が100のときはその他扱いで出力できるので，階級上限値の範囲はR15の一つ手前のR14で止めています）。

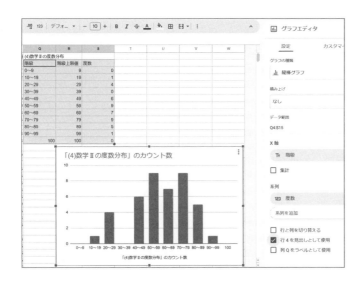

	O	P	Q	R	S
2					
3	(1)総合平均	(3)全科目偏差値	(4)数学Ⅱの度数分布		
4	78.4	56.13636364	階級	階級上限値	度数
5	64	39.77272727	0〜9	9	0
6	60.3	35.56818182	10〜19	19	1
7	71.6	48.40909091	20〜29	29	4
8	66.1	42.15909091	30〜39	39	0
9	60.1	35.34090909	40〜49	49	6
10	56.8	31.59090909	50〜59	59	9
11	45.6	18.86363636	60〜69	69	7
12	69.7	46.25	70〜79	79	9
13	60.7	36.02272727	80〜89	89	5
14	69.2	45.68181818	90〜99	99	1
15	73.6	50.68181818	100	100	0

ヒストグラムは，**縦棒グラフとして出力**します（ヒストグラムを選択すると，階級の幅は自動的に決められてしまいます）。見出しを含めたQ4:S15を範囲選択して，［挿入］→［グラフ］で描画，グラフの種類はグラフエディタで「縦棒グラフ」にします（必要に応じて，エディタのチェックボタンを変更します）。

（グラフと横軸のタイトル変えるときは，グラフエディタの［カスタマイズ］→［グラフと軸のタイトル］で変更できます。）

（5）まず，散布図を描きます。F，G列を範囲選択して，［挿入］→［グラフ］で描き，グラフエディタで散布図を選択します。さらにグラフエディタの［カスタマイズ］→［系列］で「トレンドライン」にチェックを入れ，さらに下方にスクロールして［ラベル］で「方程式を使用」に変更すると，回帰直線の式も表示できます。

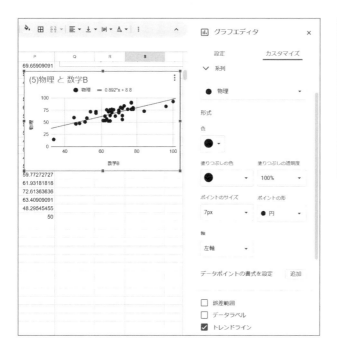

相関係数は「=CORREL(F4:F45,G4:G45)」で数学と物理のデータ範囲の順は問いませんが，回帰直線の傾きとy切片はそれぞれ

=SLOPE(G4:G45,F4:F45)，=INTERCEPT(G4:G45,F4:F45)

のように**縦軸（変量 y）のデータ範囲を先に記述**することに注意します（4.4 節参照）。相関係数は 0.76 なので，「数学 B と物理の成績の相関は強いことがわかります。」

回帰直線の代わりに推定値のデータで図示する方法

数学 B と物理のデータを V，W 列にコピーをし，X 列に「数学 B の点数が 30，40，……，100」であった時の物理の点数の推定値を出力します。下図の場合，X46 セルに，

=V46*R$43+R$44

と入力して，オートフィルで複写します。あとはV，W，X列を範囲選択して，散布図を描きます。

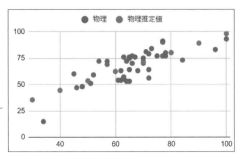

(6)（5）と同様にできます。余裕があれば，下図のような対戦表のようにすべての組み合わせについて出力して調べることも試してみましょう。（オートフィルはかけ算九九の表のように一撃というわけにはいきません。固定する行を指定して，行ごとにオートフィルを行っています。）

C50	fx	=CORREL($B$4:$B$45,C$4:C$45)											
	A	B	C	D	E	F	G	H	I	J	K	L	M	N
48														
49	(6)相関	現代文	古典	世界史	数学Ⅱ	数学B	物理	化学	生物	体育	音楽	美術	英語Ⅰ	英語Ⅱ
50	現代文	1	0.798438	0.790925	0.382799	0.551211	0.585668	0.654691	0.773188	-0.04209	0.362896	0.575441	0.348135	0.156872
51	古典	0.79843	1	0.780107	0.535664	0.544655	0.635863	0.739240	0.816127	0.054748	0.311728	0.68713	0.216760	0.060525
52	世界史	0.79092	0.780107	1	0.527870	0.592492	0.748652	0.746974	0.787204	-0.10902	0.175744	0.535742	0.125194	-0.09450
53	数学Ⅱ	0.38279	0.535664	0.527870	1	0.777341	0.746598	0.702905	0.556812	0.105436	0.103597	0.804411	0.127176	0.166772
54	数学B	0.55121	0.544655	0.592492	0.777341	1	0.761836	0.745880	0.622463	0.058824	0.198978	0.651633	0.174067	0.126735
55	物理	0.58566	0.635863	0.748652	0.746598	0.761836	1	0.721038	0.633278	-0.06385	0.22387	0.753870	0.194179	0.105227
56	化学	0.65469	0.739240	0.746974	0.702905	0.745880	0.721038	1	0.817901	-0.05801	0.181171	0.620561	0.121416	0.138184
57	生物	0.77318	0.816127	0.787204	0.556812	0.622463	0.633278	0.817901	1	-0.03165	0.176306	0.677014	0.036421	0.035439
58	体育	-0.04209	0.054748	-0.10902	0.105436	0.058824	-0.06385	-0.05801	-0.03165	1	-0.09609	-0.22545	0.138010	0.139769
59	音楽	0.36289	0.311728	0.175744	0.103597	0.198978	0.22387	0.181171	0.176306	-0.09609	1	#DIV/0!	0.330742	0.229518
60	美術	0.57544	0.68713	0.535742	0.804411	0.651633	0.753870	0.620561	0.677014	-0.22545	#DIV/0!	1	0.426289	0.255097
61	英語Ⅰ	0.34813	0.216760	0.125194	0.127176	0.174067	0.194179	0.121416	0.036421	0.138010	0.330742	0.426289	1	0.729446
62	英語Ⅱ	0.15687	0.060525	-0.09450	0.166772	0.126735	0.105227	0.138184	0.035439	0.139769	0.229518	0.255097	0.729446	1

　さまざまな値が登場します。散布図も併せて描いてみて，相関係数の値と散布図の様子の関係性を把握しましょう。
　ここで，英語がどの教科とも相関関係が弱いことに気づきます。実はこのクラスは帰国生の生徒が多いことが背景にあります。また，「覚える内容が多い」のか「考える内容が多い」のかは試験範囲によっても変わりますので，複数回の試験の結果を見ないと，科目間の相関についての判断はつかないことに注意しましょう。

(7) 例で挙げた「総合平均（成績）が良い人は，英語数学ともに成績が良い。」について検証します。別シートに成績全体をコピーして，総合平均と数学・英語2科目ずつの列だけ残して削除します。

G3		fx	=AVERAGE(B3:C3)					
	A	B	C	D	E	F	G	H
1								
2	番号	数学Ⅱ	数学B	英語Ⅰ	英語Ⅱ	(1)総合平均	数学平均	英語平均
3	1	60	66	64	76	66.5	63	70
4	2	28	46	91	87	63	37	89
5	3	51	65	55	44	53.8	58	49.5
6	4	46	63	60	72	60.3	54.5	66
7	5	44	61	78	88	67.8	52.5	83

　数学と英語それぞれ平均を求めて,「総合平均と数学平均」「総合平均と英語平均」の散布図を描き, 相関係数を CORREL 関数で求めます。相関係数はともに 0.76 以上と大きく, 散布図を見てもその傾向が確認できます。

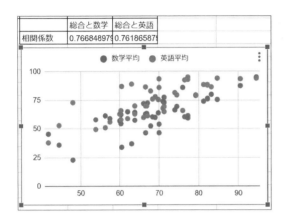

	総合と数学	総合と英語
相関係数	0.7668489799	0.761865875

　このように, 複数科目の平均点を利用することでも, さまざまな結論を得ることができます。各自で仮説を立ててみて, 検証することを行ってみてください。**自ら手を動かすことなく, 身につけることは不可能です。**

第5章

データ分析の
実践演習 I

　この章から，具体的なデータセットを題材に，色々な切り口でデータ分析を行っていきます。まずは，第4章までに学んだ範疇でできる分析演習から始めます。まずは記載の通りに追体験を行って，ビッグデータの分析に慣れていきましょう。定着を図ることを希望する場合は，具体的な手順が書かれたところを極力見ないで，再現できるかどうか試すようにしましょう。

5.1 購買データの分析 1（グラフの使い分け）

　表のような架空のコンビニの200件の購買データ（年齢・購入額）について，利用客の年齢層と購入金額の関係について分析して，いろいろなグラフの使い分けを学んでいきます。

	A	B	C
1	No	年齢	購入額
2	1	56	440
3	2	65	2000
4	3	13	530
5	4	36	1470
6	5	56	520
7	6	26	860
8	7	49	370
198	197	21	730
199	198	27	350
200	199	62	920
201	200	51	900

　まずはデータをみて，言えそうなことを考えて（できれば仮説を立てて）みてから分析していきましょう。

STEP1. 利用者の年代別人数を調べる。

　まず利用者の年代別人数を調べます。いくつか方法があるので紹介します。

■ 方法1（年齢でソートして，調べる）

　データを別の場所（例えばM〜O列）に移して，年齢を基準に並べ替えを行います。［データ］→［範囲を並べ替え］→［並べ替えオプション］で，年齢のある列を基準に昇順に並べ替えをします。

　あとは，ソートされた表を見て人数を数えます。

M	N	O
No	年齢	購入額
3	13	530
28	13	140
50	13	200
62	13	120
187	13	100
58	14	210

102　第5章　データ分析の実践演習I

■ 方法2（COUNTIF 関数を利用）

　元のデータのB列から，数値条件を指定して数えていきます。累積度数を先に調べると楽です。

　19 歳以下の人数を調べるために，G3 セルに

```
=COUNTIF(B$2:B$201,"<=19")
```

と入力し，一度 G7 までオートフィルで複写します。そしてあとから G4 セルは「29」，G5 セルは「39」と変えていきます。度数欄に戻って，F3 セルは「=G3」，F4 セルは「=G4-G3」と入力して，F4 から F7 へオートフィルで複写します。最後に相対度数は，H3 セルに「=F3/200」と入力して，H7 へオートフィルで複写します。

G3		▼	fx	=COUNTIF(B$2:B$201,"<=19")		
	D	E	F		G	H
1						
2		年齢別人数	度数		累積度数	相対度数
3		10代	30		30	0.15
4		20代	33		63	0.165
5		30代	34		97	0.17
6		40代	40		137	0.2
7		50代以上	63		200	0.315

■ 方法3（COUNTIFS 関数を利用）

　度数から埋める場合は，条件が複数必要になるので，COUNTIFS 関数を使います。

　F4 セルには，「=COUNTIFS(B$2:B$201,"<=29",B$2:B$201,">=20")」を入力して，F7 セルまでオートフィルで複写し，条件の数値を変えていきます。

　最後に E2:F7 セルを範囲選択して，「円グラフ」で可視化します。相対度数を表示しなくとも，割合が表示できます。「比較的どの年代も均等に利用している店舗」であることがわかります。

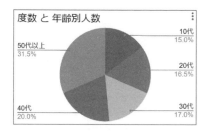

STEP2. 購入額の度数分布とヒストグラムを出力

FREQUENCY 関数を用いるときは,「階級の上限値」を用います。度数分布のラベルは手入力でも容易ですが,例えば,E11 セルに「=(F10+1)&"~"&F11」と入力して E14 セルまでオートフィルで複写することでも記述できます。

	D	E 度数分布	F 階級上限値
8			
9		度数分布	階級上限値
10		～200	200
11		201～500	500
12		501～1000	1000
13		1001～1500	1500
14		1501～2000	2000
15		2001～	3000

E11 ▼ | fx =(F10+1)&"~"&F11

G10 セルに「=FREQUENCY(C2:C201,F10:F14)」と入力すると,全階級の度数分布が出力できます（F15 セルはその他扱いのため外しています）。

G10 ▼ | fx =FREQUENCY(C2:C201,F10:F14)

	D	E	F	G
8				
9		度数分布	階級上限値	度数
10		～200	200	29
11		201～500	500	80
12		501～1000	1000	69
13		1001～1500	1500	16
14		1501～2000	2000	5
15		2001～	3000	1

E9 ～ G15 セルを範囲選択して,「縦棒グラフ」で描きます（グラフエディタで系列から「階級上限値」を削除します）。

200 円～ 1000 円の購入額の人が多いことがわかります。

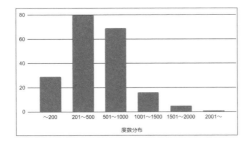

STEP3. 年代別の購入額の四分位数と箱ひげ図を出力

　次に，購入額のばらつき具合を調べるために，四分位数を年代別に調べることにします。

　STEP1 の方法 1 にあるように，購入額のデータを M〜O 列にコピーして，年齢順にソートしておきます。四分位数は QUARTILE 関数を用います。2 つ目の引数は「第 n 四分位数の n」に等しく，最大値は第 4 四分位，中央値は第 2 四分位，最小値は第 0 四分位とみなします。

　（オートフィルが十分活かせるわけではないため，各年代（列）の最大値の欄を埋めた後，縦にオートフィルで複写し，引数を少しずつ変えていくようにします。）

　例えば，G18 セルには「=QUARTILE($0$2:$0$31,4)」と入力し，縦と横それぞれオートフィルを行い，セル番号と引数を適宜変えていくようにします。

G18	▼	fx	=QUARTILE($0$2:$0$31,4)					
	D	E	F	G	H	I	J	K
16								
17		購入金額	総合	10代	20代	30代	40代	50以上
18		最大値	2380	870	1480	1580	1980	2380
19		第3四分位数	775	380	730	812.5	912.5	855
20		第1四分位数	280	172.5	260	295	407.5	340
21		最小値	100	100	100	110	160	100
22		中央値	475	255	420	520	590	520

　E17:K22 を範囲選択して，グラフは「ローソク足チャート図」（グラフの選択画面で下方にスクロールします。4.3 節参照）を選択し，図のようにチェックボタンを選択すると，箱ひげ図として出力されます。

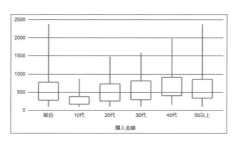

　これを見ると，「20 代以上の箱の位置は変わらない（中央値前後 50% の人の購入金額はほぼ同じ）」ものの，「第 3 四分位数以上の購入額の人は，年齢が上がるにつれて増えていく」ことがわかります。

STEP3 同様 M 〜 O 列の年齢順にソートしたデータを利用して，例えば，G25 セルに

=FREQUENCY($O$2:$O$31,$F$25:$F$29)

と入力して K25 セルまでオートフィルで複写し，O 列のセル番号を修正します。

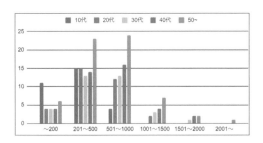

E24:K30 を範囲選択して，「縦棒グラフ」として出力すると下のようになります（系列から階級上限値は削除します）。

さらに，各年代の購入額の人数比をみるには，**帯グラフ（「100% 積み上げ横棒グラフ」）**を用います。データ範囲は 2 つに分けてグラフエディタで変更をします（「E24:E30,G24:K30」と記述し，左右に範囲を結合します）。その他次図のようにチェックボタンを選択します。

10代は少額の購入者が多いのに対して，他の年代の階級の内訳はそれほど変わらないことがわかります。

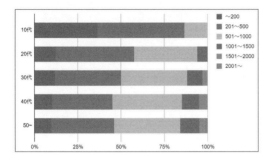

以上のように，顧客利用状況については，目的に応じてグラフを使い分けて分析することが求められます。

5.2 購買データの分析2（散布図・相関分析）

次に示す架空のスーパーの1年間の食品5品目の売上個数のデータについて，分析を行います。別シートにある最高気温のデータを挿入して，最高気温と各品目の売上個数に関する関係性について調べていくことにします。

	A	B	C	D	E	F
1	日付	コーヒー	スポーツドリンク	焼き鳥	コロッケ	チョコレート
2	2022/1/1	289	18	180	94	268
3	2022/1/2	268	14	164	124	452
4	2022/1/3	213	25	182	113	293
5	2022/1/4	278	63	187	128	388
363	2022/12/28	296	80	186	170	357
364	2022/12/29	270	85	212	151	319
365	2022/12/30	215	30	201	105	375
366	2022/12/31	295	39	186	116	390

STEP1. 最高気温データを挿入して各月の平均値を算出する

	A	B
1	日付	最高気温
2	2022/1/1	7.8
3	2022/1/2	7.9
4	2022/1/3	10.5
5	2022/1/4	12.4
6	2022/1/5	8.7

2枚目のシートのB列の最高気温データを，1枚目の購買データのA, B列の間に挿入します。

1枚目のシートのBのセルを右クリックし，「左に1列挿入」を選択します。

次に，2枚目のBのセルをクリックして，右クリックして「コピー」を選択します。1枚目に挿入した新たなBのセルを右クリックして「貼り付け」を選択すると，最高気温のデータが挿入されます。

	A	B	C	D	E	F	G
1	日付	最高気温	コーヒー	スポーツドリンク	焼き鳥	コロッケ	チョコレート
2	2022/1/1	7.8	289	18	180	94	268
3	2022/1/2	7.9	268	14	164	124	452
4	2022/1/3	10.5	213	25	182	113	293
5	2022/1/4	12.4	278	63	187	128	388
6	2022/1/5	8.7	298	41	164	162	420

次に，月別の平均値を出力します。この時にAVERAGEIF関数を利用して，各月のデータの平均値を一気に求められるようにします（AVERAGEIF関数は，やや使い方が難しいので，覚えておく必要はなく，その都度使い方を確認しましょう）。

まず，A列の日付から「月」の数値を抽出するために，再びBのセルを右クリックして「左に1列挿入」を選択し，B1セルに「月」を入力します。B2セルに

=MONTH(A2)

を入力し，B366セルまでオートフィルで複写します。

B2	▼	fx	=MONTH(A2)	
	A	B	C	D
1	日付	月	最高気温	コーヒー
2	2022/1/1	1	7.8	289
3	2022/1/2	1	7.9	268
4	2022/1/3	1	10.5	213

AVERAGEIF関数を用いて，各月毎にデータを探して平均値をとるようにします。

　　=AVERAGEIF(平均をとるデータの条件式の検索範囲，検索値，平均をとるデータを探す範囲)

のように引数が設定されています。

これだけではわかりにくいので，以下の具体例から理解しましょう。

まず，K2セルについて，J2の「1（月）」をB列から探して，該当するセルのC列の最高気温のデータを取得するために，

```
=AVERAGEIF(B2:B366,J2,C2:C366)
```

と入力します。

K2	▼	ʄx	=AVERAGEIF($B$2:$B$366,$J2,C$2:C$366)							
	A	B	C	D	E	F	G	H	I	J	K
1	日付	月	最高気温	コーヒー	スポーツドリンク	焼き鳥	コロッケ	チョコレート		月平均	最高気温
2	2022/1/1	1	7.8	289	18	180	94	268		1	9.441935484
3	2022/1/2	1	7.9	268	14	164	124	452		2	10.45714286
4	2022/1/3	1	10.5	213	25	182	113	293		3	16.57096774
5	2022/1/4	1	12.4	278	63	187	128	388		4	20.16666667

このあと，K13までオートフィルで転写するため，この入力式のうち，データ範囲の**2,366に$マーク**をつけます。さらに，K列からP列にかけて，C列からH列と同じ順に平均値を取得するので，固定しておきたい列である**BとJの前に$**をつけます。したがって，K2セルの入力式は

```
=AVERAGEIF($B$2:$B$366,$J2,C$2:C$366)
```

となり，P13セルまで縦横にオートフィルで複写します。

L2	▼	ʄx	=AVERAGEIF($B$2:$B$366,$J2,D$2:D$366)					
	I	J	K	L	M	N	O	P
1		月平均	最高気温	コーヒー	スポーツドリンク	焼き鳥	コロッケ	チョコレート
2		1	9.441935484	262.5483871	50.06451613	178.6129032	154.0322581	392.483871
3		2	10.45714286	279.4285714	53.96428571	180.8214286	151	611.9642857
4		3	16.57096774	253.9354839	62.96774194	202.0322581	172.9032258	338
5		4	20.16666667	245.1666667	73.9	197.1666667	164.9333333	218
6		5	23.50645161	236.1612903	104.9677419	218	169.0645161	198.9354839
7		6	27.61333333	211.8	146.1	212.0333333	154.9666667	168
8		7	31.73548387	197	227.9677419	223.0322581	147.9354839	137.516129
9		8	31.99032258	203.516129	234.9677419	255.4193548	156	144
10		9	28.76333333	214.2666667	130	203.2333333	165	199.5666667
11		10	21.46129032	233.5806452	109.9677419	181.0322581	177.0322581	255.3870968
12		11	19.09333333	244.4	87.06666667	176.0333333	166.9	290.4
13		12	12.21612903	271.1935484	72	195.9677419	158.9032258	373

（ROUND関数や「.0←」で，表示する桁数を減らしても構いません）

この表を，最高気温のみ棒グラフで，その他食品を折れ線グラフの複合グラフとして可視化します。J1:P13を範囲選択して，［挿入］→［グラフ］でグラフを挿入し，グラフエディタのグラフ選択欄で，「複合グラフ」を選択します。

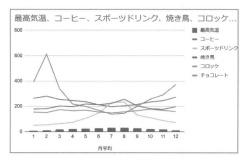

最高気温だけ数値の尺度が異なるので，グラフエディタの［カスタマイズ］→［系列］で「最高気温」を選択して，軸を「右軸」に切り替えると，右側に棒グラフの目盛りが出力され，その目盛りに合わせて縦棒グラフの長さが調整されます。

 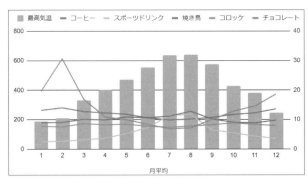

このグラフをみると，「コーヒー」「チョコレート」「コロッケ」は暑くなると売り上げが低迷し，寒くなると売り上げが上昇する傾向に，「焼き鳥」「スポーツドリンク」はその逆になっていることが読み取れます。（「チョコレート」の売上だけ極端に多い月があるので，「チョコレート」だけ除いて可視化すると，折れ線グラフが見やすくなります。）

STEP2. 最高気温と各食品の散布図を描いて相関係数などを求める

まず「最高気温」と「コーヒー」の散布図を出力します。C, D のセルを範囲選択して［挿入］→［グラフ］で描画します。

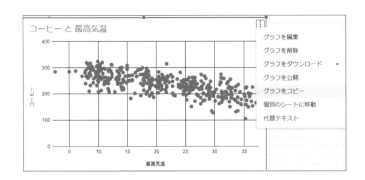

次に，他の食品との散布図を描画します。まず，グラフ画面右上の［⋮］で［グラフをコピー］を選択し，適当な場所で右クリックして［貼り付け］を選択すると，グラフが複製できます。この複製されたグラフのエディタの「データ範囲」を「チョコレート」のデータまで含むよう

に「C1:H366」に変更し，「系列を追加」をクリックして，例えば「スポーツドリンク」を選択，代わりに「コーヒー」の［⋮］をクリックして「削除」を選択すると，「スポーツドリンク」の散布図が得られます。

※グラフ画面のタイトルや軸ラベルをダブルクリック，または「グラフエディタ」の［カスタマイズ］→［グラフと軸のタイトル］で適宜ラベルを変更します。

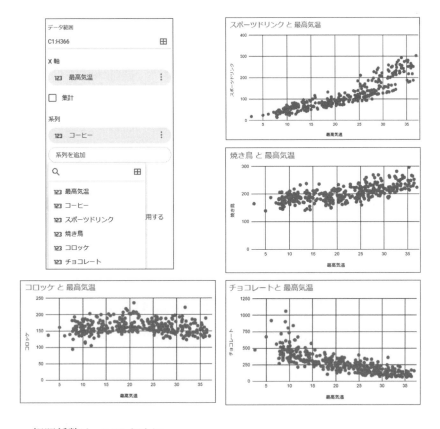

相関係数は，L16 セルに

=CORREL($C2:$C366,D2:D366)

と入力して，P16 セルまでオートフィルで複写することで求めます。コロッケ以外は相関係数の絶対値が 0.68 前後以上であるので，最高気温との間に強い相関関係が認められます。コロッケは季節関係なく，売り上げが安定していることが言えそうです。

L16	▼	fx	=CORREL($C2:$C366,D2:D366)		
	K	L	M	N	O	P
14						
15	最高気温との相関	コーヒー	スポーツドリンク	焼き鳥	コロッケ	チョコレート
16	相関係数	-0.6880486237	0.8881185667	0.6808183843	-0.00633979200	-0.7832057828

例えば,「最高気温」と「コーヒー」の散布図のグラフエディタで,[カスタマイズ] → [系列]で下方にスクロールして,「トレンドライン」にチェック, さらに「ラベル」を「方程式を使用」に変えると, 回帰直線とその式が表示できます。

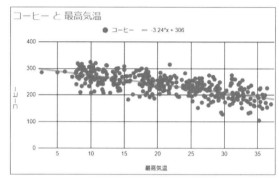

あるいは, 回帰直線の傾きは「SLOPE」, 切片は「INTECEPT」で出力できます。

L17, L18 セルにそれぞれ「=SLOPE(D2:D366,$C2:$C366)」,「=INTERCEPT(D2:D366,$C2:$C366)」と入力し,P列までオートフィルで複写します。(**4.4節で注意したように, 引数は必ず y, x の順**)

L17	▼	ƒx	=SLOPE(D2:D366,$C2:$C366)		
	K	L	M	N	O	P
14						
15	最高気温との相関	コーヒー	スポーツドリンク	焼き鳥	コロッケ	チョコレート
16	相関係数	-0.6880486237	0.8881185667	0.6808183843	-0.00633979200	-0.7832057828
17	回帰直線の傾き	-3.241386891	6.910343848	2.242028087	-0.01501619484	-14.3267826
18	切片	306.0305807	-32.74155698	154.7764117	161.9448561	578.042789

これらの回帰直線のデータを利用して,R列の最高気温の予報に対する「コーヒー」と「スポーツドリンク」の売上予測を行います。L17:M18 セルの傾きと切片のデータを参照します。

S2 セルに「=R2*L17+L18」と入力して, T4 セルまでオートフィルで複写します($ マークをつける必要があります。各自考えてみてください)。

S2	▼	ƒx	=$R2*L$17+L$18	
	Q	R	S	T
1		最高気温予測	コーヒー	スポーツドリンク
2		10	273.6167118	36.36188149
3		15	257.4097773	70.91360073
4		20	241.2028428	105.46532

5.3　基本の確認問題・社会統計分析 1

5.1 節，5.2 節と，これまでの統計の知識と分析スキルがどの程度身についているのかを，以下の勤務校で出題した定期試験問題を解いて確認し，実際に表計算を利用して分析の追体験を行ってみてください。さらにこの事例を参考に，探究活動の一環で，読者の住んでいる地域の特徴について調べてみると，より統計スキルが身についていきます。

問題　東京都の人口や産業従事者に関する 2020 年度のデータ（独立行政法人統計センター SSDSE（教育用標準データセット）市区町村データ A-2022 を利用）についての分析を行った。次の文章を読み，あとの問いに答えよ。（解答目安時間 20 分）

問 1　まず，東京都の 23 区と 26 市の人口と外国人人口について図 1 のように表計算により調べることにしました。（（解く上での情報）23 区は都心部，26 市は 23 区の西側に分布します。）

	A	B	C	D
1	市区	総人口	外国人人口	外国人割合
2	千代田区	66680	2724	4.09
3	中央区	169179	7385	4.37
4	港区	260486	17409	6.68
5	新宿区	349385	27216	7.79
⋮	⋮	⋮	⋮	⋮
50	西東京市	207388	4566	2.20

図 1　人口と外国人人口についての表計算

総人口と外国人人口の関係を散布図に表すと図 2 のようになりました。

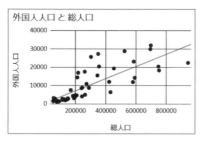
図 2：総人口と外国人人口

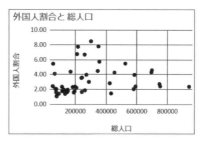
図 3：総人口と外国人割合（%）

「=CORREL(B2:B50,C2:C50)」で相関係数を求めると，0.795で強い正の相関関係が見られました。ただよくよく考えてみるとこれは極めて当たり前の事実で，外国人の割合が多いかどうかは別問題です。そこで，図1のD列に「=(C2/B2)*100」といった式で，各市区の総人口に対する外国人の割合（％）を算出することにしました。総人口と外国人の割合を散布図にすると図3のようになります。すると相関係数を求めるまでもなく，相関があるとは言えず，**人口が多い（≒住宅地が多い）ところに外国人が住むわけではない**ことがわかります。

このように実際の値ではなく**2量の割合（比）を求める**ことでわかる事実も多いことがわかります。

さらに，東京都の23区と26市に分けて，外国人の割合の箱ひげ図を描くと，右の図4のようになり，分布に大きな違いがあることがわかります。

このように**グループ分けして分析**することで有益な情報が得られることも多くあります。

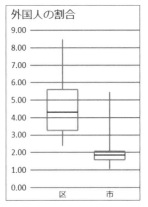

図4：市区別の箱ひげ図

（1）23区26市の外国人割合の箱ひげ図として適切なものを1～4の中から1つ選びなさい。

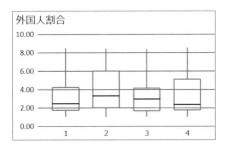

（2）次の命題の真偽を答えよ。

「23区26市の外国人割合の平均値は中央値よりも大きい」

（3）図4についての分析として誤りを含む文を次の1～4の中から1つ選びなさい。

1. 区の最小値は，市の上位25%に含まれる。
2. 市の最大値は，区の上位25%に含まれる。
3. 区の半分以上で，外国人割合が4%以上である。
4. 外国人割合が2%以上である市は半分もない。

問2 次に，外国人がどのようなところに住むのかを調べるべく，図5のような面積や第1次産業従事者数のデータを利用した分析を行いました。

	A	B	C	D	E	F	G	H
1	市区	総人口	外国人人口	外国人割合（%）	可住地面積（0.01 km²）	人口密度	第1次産業者数	第1次産業者割合（%）
2	千代田区	66680	2724	4.09	1166	5719	6	0.01
3	中央区	169179	7385	4.37	1021	16570	67	0.04
4	港区	260486	17409	6.68	2037	12788	69	0.03
5	新宿区	349385	27216	7.79	1822	19176	112	0.03
⋮	⋮	⋮	⋮	⋮	⋮	⋮	⋮	⋮
50	西東京市	207388	4566	2.20	1565	13252	536	0.26

図5：用いる表計算シート

まず，市区の可住地面積の単位が 0.01 km² であることから，F 列の人口密度を単位が「（人/km²）」になるように，F2 セルに ┌ ア ┐ という式を入力して，オートフィルで F 列全体に複写します。

次に，G 列の第1次産業従事者数（**在住地であり，職場は市区外の可能性がある**）の，B 列の総人口に対する割合（%）を求めるため，H2 セルに「=(G2/B2)*100」という式を入力して，H 列全体に複写します。

「第1次産業従事者割合」「外国人割合」「人口密度」の2指標ごとの散布図と相関係数，それぞれのヒストグラムを対戦表のようにまとめたものが図7の散布図・相関行列と呼ばれるものです。

例えば「人口密度」のヒストグラムは，図6のように E 列に階級上限値を記しておき，F52 セルに，「=FREQUENCY(F2:F50,E52:E61)」と入力することで，F 列に各階級の度数が算出されます。各ヒストグラムは，このようにして作成した度数分布表を縦棒グラフとして描画しているため，横軸には階級上限値が記されています。

	E	F
52	2500	0
53	5000	2
54	7500	11
55	10000	7
56	12500	6
57	15000	7
58	17500	6
59	20000	5
60	22500	4
61	25000	1

図6：度数分布の表計算

また,「-0.68」は「第1次産業従業者割合」と「外国人割合」の相関係数,「0.62」は「外国人割合」と「人口密度」の相関係数です。

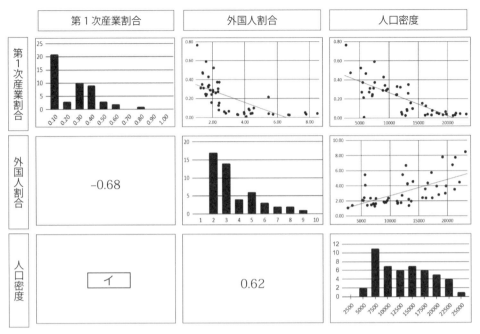

図7:「第1次産業従事者割合」「外国人割合」「人口密度」の散布図・相関行列

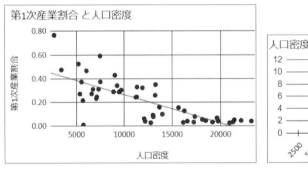
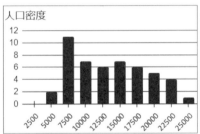

図8:「第1次産業従事者割合」「人口密度」の散布図,「人口密度」のヒストグラム

(4) 空欄　ア　にあてはまる式を次の1～4の中から1つ選びなさい。

　　1.　=B2/(E2*0.01)　　2.　=(B2/E2)*0.01

　　3.　=E2/(B2*0.01)　　4.　=(E2/B2)*0.01

(5) 空欄　イ　には図8に複写した「第1次産業従業者の割合」と「人口密度」の相関係数が入ります。最も適切な数値を次の1～4の中から1つ選びなさい。

　　1.　-0.75　　2.　-0.35　　3.　0.35　　4.　0.75

(6)「人口密度」の標準偏差の値として最も適切な数値を次の1～4の中から1つ選び
なさい。

    1.　1500　　　2.　3500　　　3.　5500　　　4.　7500

(7)「第1次産業従事者の割合」は,「人口密度」や「外国人の割合」と比較的強い(負
の)相関関係があるといえます。相関関係が比較的強いことの根拠として考えられるこ
とを挙げなさい。

(8)「外国人にとって住みやすい市区であるかどうか」を調べる統計データとしてどの
ようなものがあるとよいか。1つ挙げなさい。

問3　最後に,23区と26市の病院に在籍する「医師数(図9のK列)」と「総人口(図
9のJ列)」の関係について調べます(問題の都合上,区の順番はA列と異なります)。
散布図は図10の通りで,明らかに医師数について外れ値が存在することがわかります。
具体的には,第1,3四分位数から「四分位範囲」(箱ひげ図の箱の長さ)の1.5倍以
上離れたデータを外れ値と定義することが多く,この場合,**「新宿区」「文京区」「港区」
が該当**します。
　ここで「医師数」の第1,3四分位数は,

  (第1四分位数)=QUARTILE(K2:K50,1)
  (第3四分位数)=QUARTILE(K2:K50,3)

で算出します。

	I	J	K
2	港区	260486	3068
3	新宿区	349385	4842
4	文京区	240069	4765
5	千代田区	66680	1759
6	中央区	169179	1414
7	⋮	⋮	⋮

図9:「総人口」と「医師数」のデータ

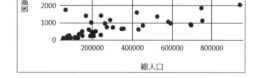

図10:「医師数」と「総人口」の散布図

　この3区のデータを取り除くと,相関係数は　ウ　から　エ　にかわりました。

また，回帰直線の式を求めると，

　　（医師数）＝（総人口）× 0.00182 + 189

であることがわかりました。この式の係数は「=SLOPE(K5:K50,J5:J50)」で，切片は
「=INTERCEPT(K5:K50,J5:J50)」でそれぞれ算出しています。

　なお，外れ値は**そのデータの市区の大きな特徴**であることを示唆しています。

(9) 空欄 ｜ ウ ｜ と ｜ エ ｜ にあてはまる数値の組み合わせとして正しいものを，次
の 1 〜 4 の中から 1 つ選びなさい。

　　1.　(−0.38, −0.69)　　　　2.　(−0.69, −0.38)

　　3.　(0.38, 0.69)　　　　　4.　(0.69, 0.38)

(10) 豊島区のデータはこの回帰直線上にあり，人口は 30 万人です。回帰直線による
医師数の推定値（整数）を求めよ。

(11) 外れ値である「新宿区」「文京区」「港区」（特に最初の 2 つ）には医師数が多い明
確な理由があります。それは何か答えよ。

　問題は以上です。解答を終えたら，実際のデータを用いて順番に分析してみましょう。

表計算を用いた分析例

　まず，外国人割合を出力するために，D2 セルに

　　=ROUND(C2/B2*100,2)

と入力しておきます。

D2	▼	ƒx	=ROUND(C2/B2*100,2)	
	A	B	C	D
1	市区町村	総人口	外国人人口	外国人割合(%)
2	千代田区	66680	2724	4.09
3	中央区	169179	7385	4.37
4	港区	260486	17409	6.68
5	新宿区	349385	27216	7.79

　B，C のセルを範囲選択して，［挿入］→［グラフ］で散布図を選択して描画します。
　また，B 〜 D のセルを範囲選択して同様に散布図を描画，グラフエディタの系列で「外国人

人口」を削除します。

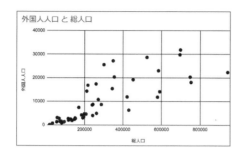

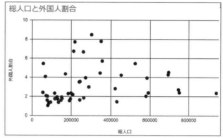

C, D 列に「外国人人口」「外国人割合」と並んでいるので，オートフィルを利用して，

```
=CORREL($B2:$B50,C2:C50)
```

で総人口との相関係数をそれぞれ求めると，「外国人」との相関は強いものの，「外国人割合」は弱いことがわかります。問 2 では，外国人が多く住む地域の特徴について，特に自然の多い地域と思われる「第 1 次産業従事者数の割合」を考えることにします。

B55		f_x =CORREL($B2:$B50,C2:C50)	
	A	B	C
52			
53			
54	相関係数	外国人	外国人割合
55	総人口	0.7954072	0.190474155

---

(1) の解説

　49 の市区があるので，中央値は上から 25 番目，第 3 四分位数は上から 1 〜 24 の中央値なので，12, 13 番目の平均値となります。散布図を見て，第 3 四分位数は「4 を少し超えた値」，中央値は「2.3 付近」であることが読み取れます。したがって答えは **1**。

　実際に四分位数を「=QUARTILE(D\$2:D\$50,4)」（4: 最大値，3: 第 3 四分位，2: 中央値など）で出力すると，次図のようになります。また，(3) の市区別のデータも含めて，A57 〜 D61 の 5 行を範囲選択（ラベルを含めて必ず 5 行・中央値は除く）して，ローソク足チャート図として箱ひげ図を描画します（エディタで下のように，行と列を入れ替えて出力します）。

注意　QUARTILE 関数で求めた四分位数は，3.3 節や数学の教科書の定義とは異なりますが，この場合はほぼ同一の値となります。

B58	▼	f_x	=QUARTILE(D$2:D$50,4)	
	A	B	C	D
56				
57	(1)(3)四分位数	市区	区	市
58	最大値	8.48	8.48	5.46
59	第3四分位数	4.24	5.6	2.07
60	第1四分位数	1.76	3.26	1.58
61	最小値	1.06	2.37	1.06
62	中央値	2.37	4.24	1.775
63	平均値	3.17877551		

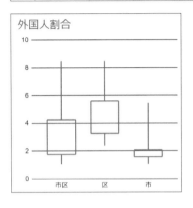

(2) の解説

　平均値は，箱ひげ図または散布図を見て第3四分位数以上の値の散らばりが大きく，中央値以下のばらつきが少ないことに注目して，平均値は中央値より大きいと判断します。したがって**真**。

(3) の解説

（1）で出力した QUARTILE 関数のデータ範囲で，区は「$D$2:$D$24」に，市は「$D$25:$D$50」に変更します。選択肢の3，4は算出した中央値のデータを参照します（問題文では箱ひげ図に追加しています）。

　少しわかりにくいですが，区の第3四分位数は市の最大値よりも大きいことから誤りなのは**2**と判断します。

　次に，「第1次産業従事者数」「人口密度」に注目し，「外国人割合」との関係について調べます。

F2	▼	f_x	=ROUND(B2/(E2*0.01),0)					
	A	B	C	D	E	F	G	H
1	市区町村	総人口	外国人人口	外国人割合(%)	可住地面積(0.01km2)	人口密度(人/km2)	第1次産業就業者数	第1次産業就業者割合(%)
2	千代田区	66680	2724	4.09	1166	5719	6	0.01
3	中央区	169179	7385	4.37	1021	16570	67	0.04
4	港区	260486	17409	6.68	2037	12788	69	0.03
5	新宿区	349385	27216	7.79	1822	19176	112	0.03
6	文京区	240069	8457	3.52	1129	21264	77	0.03

F2 セルには，単位に注意して「=ROUND(B2/(E2*0.01),0)」と入力します。答えは **1**。

H2 セルは「=ROUND(G2/B2,0)」を入力し，50 行目までそれぞれオートフィルで複写します。

人口密度の度数分布は，下図のように階級上限値を記入（2500，5000 を入力した後オートフィル）しておき，F52 セルに，「=FREQUENCY(F2:F50,E52:E60)」で度数を一気に出力します（4.2 節参照）。また，グラフは階級が自動的に決められてしまう「ヒストグラム」ではなく「縦棒グラフ」で出力します（グラフタイトル，軸名は適宜変更）。

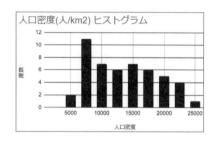

F1:H50 を範囲選択して，「人口密度」と「第 1 次産業従事者数割合」の散布図を描きます（系列で「従事者数」を削除し，カスタマイズでタイトルを追加します）。

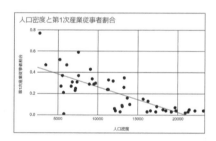

散布図から，「人口密度」と「第 1 次産業従事者数割合」は他の散布図よりも，回帰直線にデータが集中している傾向があり，なおかつ負の相関関係であるので，比較的強い **1** となります。

実際に「=CORREL(F2:F50,H2:H50)」で求めると，–0.759 になります。

また，人口密度の標準偏差は，散布図を見て平均が 12500 前後，その周辺に全データの 7 割（≒ 68%）が集まっている範囲（上位下位からは 1.5 割である 7 〜 8 個目）を見ると，7000 〜 20000 であることが読み取れます。したがって 5500 である **3** になります。

実際「=STDEV.P(F2:F50)」で 5487 になります。

同様にして，「第 1 次産業従事者数割合」「外国人割合」のヒストグラムや，散布図も出力してみましょう。（7）（8）は考察に相当します。

「生活や仕事，交通の便がよい都心部を好む傾向にあることが推察され，比較的農地の多い市部よりも，人口密度の高い都心部に外国人は住む傾向にあるものと考えられる。」

(8) の解答例

「家賃相場」「外国人の従業員数」など。各自データを探して分析してみましょう。

　　最後に，医師数と総人口の関係について分析を行っています。散布図を描くと，回帰直線から大きく外れているデータが３つあることに気づきます。実際医師数の四分位数を求めると，四分位範囲（第３四分位と第１四分位の間の箱の長さ）≒ 900 の２倍，第３四分位数から離れた 3000 以上離れているデータがあることに気づきます。相関関係を弱くする要因ではありますが，逆に言えば**「外れ値はそのデータの特徴である」**という見方ができるので，地域の特徴を分析する際には，外れ値に注目することは重要になります。（地理の授業で学ぶ，農産物や工業製品の生産量のランキング上位は外れ値に相当するものがほとんどです。）

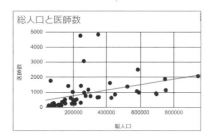

(9) の解説

　　外れ値３つを削除すると，それ以外は回帰直線に近い分布であるため，相関係数の絶対値は大きくなるものと判断できます。正の相関関係にあることが散布図（回帰直線の傾きの正負）からわかるので，弱い値 0.38 から強い値 0.69 へ変化する **3** が正解となります。

(10) の解答

300000 × 0.00182 + 189 = **735** 人と推定できます。

(11) の解答例（首都圏に住んでいないと難しいかもしれません）

「大病院や，大学病院・研究施設が集中している区である。」

第**6**章

表計算による
データ分析の基礎 II

　ここでは，高校情報 I で扱われる「データベース」と「モデルとシミュレーション」さらには，「正規分布」と「標準化」の意味について，簡単な演習を通じて学んでいきます。

6.1 データベースの整理

	A	B	C	D	E	F	G	H
1	ID	学年	組	番号	氏名	住所	電話番号	メールアドレス
2	7001	高3	A	1	相川翔太	東京都千代田区	03-5320-001	7001ai@sample.jp
3	7002	高3	B	1	青山光市	東京都港区	03-3826-002	7002ao@sample.jp
4	7003	高3	A	2	赤沢太郎	神奈川県川崎市高津区	044-345-282	7003ak@sample.jp
5	7004	高3	C	1	秋本直	東京都世田谷区	03-3702-032	7004ak@sample.jp
6	7005	高3	E	1	秋山慎人	東京都品川区	03-3232-022	7005ak@sample.jp
7	7006	高3	B	2	阿久津亮	東京都世田谷区	03-3706-298	7006ak@sample.jp
8	7007	高3	D	1	赤穂義人	東京都中野区	03-5628-029	7007ak@sample.jp
9	7008	高3	C	2	麻生一馬	神奈川県横浜市鶴見区	045-421-221	7008as@sample.jp
10	7009	高3	E	2	足立陸翔	東京都中野区	03-2653-228	7009ad@sample.jp
11	7010	高3	D	2	阿藤海斗	東京都大田区	03-2210-212	7010at@sample.jp

　学校では，上図のような住所データを必要に応じて抽出したり，他のデータ（例えば，あるイベントの参加者リストや成績データなど）と組み合わせたりすることで情報を整理しています。このような基礎となるデータの集まりを**データベース**といい，これらの情報は非常に情報量が多いため，特定のサーバーで管理され，SQLなどデータベース特有の言語を用いることが通例です。

　ここでは，住所録レベルの1枚の表計算データファイルで格納できる量のデータを組み合わせて整理していく方法について学びます。

データファイルに格納されている内容

　まず，住所録と同じシートに，クラス担任名が書かれた表が併記されています。

　また，別の参加者リストというシートに，ある企画に参加する生徒のID，組，番号，氏名などが書かれたものが2枚，ある試験の成績データを記載したシートが1枚用意されています。

	A	B	C
13			
14	学年	組	担任
15	高3	A	加藤
16	高3	B	鈴木
17	高3	C	佐藤
18	高3	D	大木
19	高3	E	山田

	A	B	C	D	E
1	ID	学年	組	番号	氏名
2	7001	高3	A	1	相川翔太
3	7004	高3	C	1	秋本直
4	7008	高3	C	2	麻生一馬
5	7010	高3	D	2	阿藤海斗

ある企画の参加者リストのシート

	A	B	C	D	E	F
1	ID	学年	組	番号	氏名	成績
2	7001	高3	A	1	相川翔太	100
3	7002	高3	B	1	青山光市	85
4	7003	高3	A	2	赤沢太郎	89
5	7004	高3	C	1	秋本直	64
6	7005	高3	E	1	秋山慎人	76
7	7006	高3	B	2	阿久津亮	87
8	7007	高3	D	1	赤穂義人	93
9	7008	高3	C	2	麻生一馬	78
10	7009	高3	E	2	足立陸翔	69
11	7010	高3	D	2	阿藤海斗	84

ある試験の成績データのシート

　例えば，「最初の住所録のデータに担任名を追加する」，「参加者リストにメールアドレスや住所を追加する」といった複数のデータを紐づけていくことを，関数を利用して行います。

一番よく用いられるのが，ここで紹介する VLOOKUP 関数です。

	A	B	C	D	E	F	G	H	I
1	ID	学年	組	番号	氏名	住所	電話番号	メールアドレス	担任名
2	7001	高3	A	1	相川翔太	東京都千代田区	03-5320-001	7001ai@sample.jp	
3	7002	高3	B	1	青山光市	東京都港区	03-3826-002	7002ao@sample.jp	
4	7003	高3	A	2	赤沢太郎	神奈川県川崎市高津区	044-345-282	7003ak@sample.jp	
5	7004	高3	C	1	秋本直	東京都世田谷区	03-3702-032	7004ak@sample.jp	
6	7005	高3	E	1	秋山慎人	東京都品川区	03-3232-022	7005ak@sample.jp	
7	7006	高3	B	2	阿久津亮	東京都世田谷区	03-3706-298	7006ak@sample.jp	
8	7007	高3	D	1	赤穂義人	東京都中野区	03-5628-029	7007ak@sample.jp	
9	7008	高3	C	2	麻生一馬	神奈川県横浜市鶴見区	045-421-221	7008as@sample.jp	
10	7009	高3	E	2	足立陸翔	東京都中野区	03-2653-228	7009ad@sample.jp	
11	7010	高3	D	2	阿藤海斗	東京都大田区	03-2210-212	7010at@sample.jp	
12									
13									
14	学年	組	担任						
15	高3	A	加藤						
16	高3	B	鈴木						
17	高3	C	佐藤						
18	高3	D	大木						
19	高3	E	山田						

まず，I 列に，B14:C19 の範囲の担任名の表から担任を検索して，出力することを考えます。

=VLOOKUP(検索値 , 検索するデータの存在範囲 , 出力する列は左から何番目か ,FALSE)

と引数を入力していきます。まず I2 セルについて，A 組の生徒なので検索値は「C2」セルで「A」，担任表から「A」の文字を探します。検索する値と出力したい担任名が記述されているのは 14 〜 19 行目の表ですが，必ず検索値が「**検索するデータの存在範囲の最左列**」になるように範囲を選びます。この場合は，組から「C2」の値を検索したいので，B 列を検索範囲の最左列とする「B14:C19」となります（ラベルを抜いて「B15:C19」でもよい）。

そして，出力したい値「加藤」は，検索範囲の左から「2」列目である C 列にあるので，3 番目の引数には「2」と記します。4 つ目の引数はとりあえず「FALSE」（検索が完全一致する場合のみ考えることを意味します）にします。

したがって，I2 セルには「=VLOOKUP(C2,B14:C19,2,FALSE)」と入力します。ただし，このあと I2 から I11 までオートフィルで複写するので，検索範囲が動かないよう

=VLOOKUP(C2,B\$14:C\$19,2,FALSE)

とします。

I3	▼		fx	=VLOOKUP(C3,B\$14:C\$19,2,FALSE)				
	A	B	C	D	E	F	G	H	I
1	ID	学年	組	番号	氏名	住所	電話番号	メールアドレス	担任名
2	7001	高3	A	1	相川翔太	東京都千代田区	03-5320-001	7001ai@sample.jp	加藤
3	7002	高3	B	1	青山光市	東京都港区	03-3826-002	7002ao@sample.jp	鈴木
4	7003	高3	A	2	赤沢太郎	神奈川県川崎市高津区	044-345-282	7003ak@sample.jp	加藤

次に，次図の「参加者リスト1」のシートに，各生徒のメールアドレスを 1 枚目の住所録から転記する方法を考えます。同じファイルであれば，異なるシートから情報を参照することが

できます。変わるのは，検索するデータ範囲に「シート名」が付与される点のみです。

	A	B	C	D	E	F
1	ID	学年	組	番号	氏名	メールアドレス
2	7001	高3	A	1	相川翔太	
3	7004	高3	C	1	秋本直	
4	7008	高3	C	2	麻生一馬	
5	7010	高3	D	2	阿藤海斗	

F2 セルのメールアドレスは，「住所録の ID7001 の生徒（A2 セル）の左から 8 列目の値」になります。この場合，検索する ID が住所録の最左列なので，A1:H11 まですべて範囲として指定します。

ここで，2 番目の引数は

'シート名'!セル範囲

のように記述します。ややこしいので，まず参加者リスト 1 の F2 セルで「=VLOOKUP(A2,」まで入力し，住所録のシートに移って A1:H11 を範囲選択します。すると，2 番目の引数が自動入力されるので，あとは「8,FALSE」を入力すれば済みます。

I3		▼	fx	=VLOOKUP(A2,'住所録'!A1:H11				
	A	B	C	D	E	F	G	H
1	ID	学年	組	番号	氏名	'参加者リスト1'!F2	電話番号	メールアドレス
2	7001	高3	A	1	相川翔太	? =VLOOKUP(A2,'住所録'!A1:H11 001		7001ai@sample.jp
3	7002	高3	B	1	青山光市	東京都港区	03-3826-002	7002ao@sample.jp

この後オートフィルで F5 まで転写するので，検索範囲の行番号に $ をつけて，

=VLOOKUP(A2,'住所録'!A$1:H$11,8,FALSE)

と記述します。

F3		▼	fx	=VLOOKUP(A3,'住所録'!A$1:H$11,8,FALSE)		
	A	B	C	D	E	F
1	ID	学年	組	番号	氏名	メールアドレス
2	7001	高3	A	1	相川翔太	7001ai@sample.jp
3	7004	高3	C	1	秋本直	7004ak@sample.jp
4	7008	高3	C	2	麻生一馬	7008as@sample.jp
5	7010	高3	D	2	阿藤海斗	7010at@sample.jp

さらに，練習として，G 列に住所を出力してみましょう。

G2		▼	fx	=VLOOKUP(A2,'住所録'!A$1:I$11,6,FALSE)			
	A	B	C	D	E	F	G
1	ID	学年	組	番号	氏名	メールアドレス	住所
2	7001	高3	A	1	相川翔太	7001ai@sample.jp	東京都千代田区
3	7004	高3	C	1	秋本直	7004ak@sample.jp	東京都世田谷区
4	7008	高3	C	2	麻生一馬	7008as@sample.jp	神奈川県横浜市鶴見区
5	7010	高3	D	2	阿藤海斗	7010at@sample.jp	東京都大田区

INDEX，MATCH 関数の利用

VLOOKUP 関数は，「検索するデータ範囲の最左列に検索値がある」ことが必要となります。

例えば，次の「参加者リスト 2」では，ID が削除されていて氏名で検索することになります。すると，氏名より右側の値は出力可能ですが，ID など「氏名より左側の値」を参照することはできなくなります。

このとき利用するのが，INDEX 関数と MATCH 関数を組み合わせる方法です。

INDEX 関数は，表の中から指定の位置の値を出力するもので，

$$=INDEX(検索する範囲，上から何行目，左から何列目)$$

のように使います。

例えば，住所録で「=INDEX(B2:H11,2,5)」とすると，B2 を左上端とする範囲で上から 2 番目，左から 5 番目を検索するので，F3 セルの値が出力されます。

いくつか試してみてください。

	A	B	C	D	E	F	G	H
	ID	学年	組	番号	氏名	住所	電話番号	メールアドレス
2	7001	高3	A	1	相川翔太	東京都千代田区	03-5320-001	7001ai@sample.jp
3	7002	高3	B	1	青山光市	東京都港区	03-3826-002	7002ao@sample.jp
4	7003	高3	A	2	赤沢太郎	神奈川県川崎市高津区	044-345-282	7003ak@sample.jp
5	7004	高3	C	1	秋本直	東京都世田谷区	03-3702-032	7004ak@sample.jp
6	7005	高3	E	1	秋山慎人	東京都品川区	03-3232-022	7005ak@sample.jp
7	7006	高3	B	2	阿久津亮	東京都世田谷区	03-3706-298	7006ak@sample.jp
8	7007	高3	D	1	赤穂義人	東京都中野区	03-5628-029	7007ak@sample.jp
9	7008	高3	C	2	麻生一馬	神奈川県横浜市鶴見区	045-421-221	7008as@sample.jp
10	7009	高3	E	2	足立陸翔	東京都中野区	03-2653-228	7009ad@sample.jp
11	7010	高3	D	2	阿藤海斗	東京都大田区	03-2210-212	7010at@sample.jp
12								
13						東京都港区		

（F13 ▼ fx =INDEX(B2:H11,2,5)）

次に，MATCH 関数は，特定の縦列の範囲から，検索したい値が上から何番目にあるのかを出力する関数です（第 3 引数は「完全一致」を表す 0 にしておきます）。

$$=MATCH(検索値，検索する縦列内の範囲 ,0)$$

例えば，E3:E11 の範囲で「秋本直」を検索するとき，

$$=MATCH(" 秋本直 ",E3:E11,0)$$

とすると E5 セルが検索され，E3 を 1 行目とするので，上から 3 行目の「3」が出力されます。

これもいくつか試してみてください。

F13 ▼ | fx =MATCH("秋本直",E3:E11,0)

	A	B	C	D	E	F
1	ID	学年	組	番号	氏名	住所
2	7001	高3	A	1	相川翔太	東京都千代田区
3	7002	高3	B	1	青山光市	東京都港区
4	7003	高3	A	2	赤沢太郎	神奈川県川崎市高津区
5	7004	高3	C	1	秋本直	東京都世田谷区
6	7005	高3	E	1	秋山慎人	東京都品川区
7	7006	高3	B	2	阿久津亮	東京都世田谷区
8	7007	高3	D	1	赤生義人	東京都中野区
9	7008	高3	C	2	麻生一馬	神奈川県横浜市鶴見区
10	7009	高3	E	2	足立陸翔	東京都中野区
11	7010	高3	D	2	阿藤海斗	東京都大田区
12						
13						3

それでは，参加者リスト2のデータに「ID」を付与することを考えます。

まず，MATCH 関数を利用して「氏名」を住所録で検索して，上から何番目のデータなのかを取得します。

まずは，D2 の生徒から。住所録の氏名欄の E 列を範囲選択して，引数を入力します。

=MATCH(D2,' 住所録 '!E$2:E$11,0)

	A	B	C	D	E
1	学年	組	番号	氏名	上から何番目
2	高3	A	1	相川翔太	
3	高3	C	1	秋本直	
4	高3	C	2	麻生一馬	
5	高3	D	2	阿藤海斗	

F13 ▼ | fx =MATCH(D2,' 住所録 '!E2:E11

	A	B	C	D	E	F
1	ID	学年	組	番号	氏	
2	7001	高3	A	1	=MATCH(D2,' 住所録 '!E2:E11	
3	7002	高3	B	1	青山光市	東京都港区
4	7003	高3	A	2	赤沢太郎	神奈川県川崎市高津区
5	7004	高3	C	1	秋本直	東京都世田谷区

'参加者リスト2'!E2

E3 ▼ | fx =MATCH(D3,' 住所録 '!E$2:E$11,0)

	A	B	C	D	E
1	学年	組	番号	氏名	上から何番目
2	高3	A	1	相川翔太	1
3	高3	C	1	秋本直	4
4	高3	C	2	麻生一馬	8
5	高3	D	2	阿藤海斗	10

これを INDEX 関数の2番目の引数に組み入れます。

したがって，参加者リスト2のF2セルには，「ID が住所録の A2:H11 範囲の1列目」であるから，

=INDEX(' 住所録 '!A$2:H$11,MATCH(D2,' 住所録 '!E$2:E$11,0),1)

F2 ▼ | fx =INDEX(' 住所録 '!A$2:H$11,MATCH(D2,' 住所録 '!E$2:E$11,0),1)

	A	B	C	D	E	F	G
1	学年	組	番号	氏名	上から何番目	ID	メールアドレス
2	高3	A	1	相川翔太	1	7001	
3	高3	C	1	秋本直	4	7004	
4	高3	C	2	麻生一馬	8	7008	
5	高3	D	2	阿藤海斗	10	7010	

と入力することで ID の値が参照されます。同様にメールアドレスも取得しましょう（INDEX 関数の第3引数が8に変わるだけです）。

G3	▼		f_x	=INDEX('住所録'!A\$2:H\$11,MATCH(D3,'住所録'!E\$2:E\$11,0),8)		

	A	B	C	D	E	F	G
1	学年	組	番号	氏名	上から何番目	ID	メールアドレス
2	高3	A	1	相川翔太	1	7001	7001ai@sample.jp
3	高3	C	1	秋本直	4	7004	7004ak@sample.jp
4	高3	C	2	麻生一馬	8	7008	7008as@sample.jp
5	高3	D	2	阿藤海斗	10	7010	7010at@sample.jp

例題 6.1（データの結合）

「成績」シートに，住所録から各生徒のメールアドレスを付与しなさい。なお，VLOOKUP 関数を使う方法と，INDEX 関数および MATCH 関数を併用する方法をそれぞれ示しなさい。

	A	B	C	D	E	F	G
1	ID	学年	組	番号	氏名	成績	メールアドレス
2	7001	高3	A	1	相川翔太	100	
3	7002	高3	B	1	青山光市	85	
4	7003	高3	A	2	赤沢太郎	89	
5	7004	高3	C	1	秋本直	64	
6	7005	高3	E	1	秋山慎人	76	
7	7006	高3	B	2	阿久津亮	87	
8	7007	高3	D	1	赤穂義人	93	
9	7008	高3	C	2	麻生一馬	78	
10	7009	高3	E	2	足立陸翔	69	
11	7010	高3	D	2	阿藤海斗	84	

例題 6.1 の解答

G3	▼		f_x	=VLOOKUP(A3,'住所録'!A\$2:H\$11,8,FALSE)		

	A	B	C	D	E	F	G
1	ID	学年	組	番号	氏名	成績	メールアドレス
2	7001	高3	A	1	相川翔太	100	7001ai@sample.jp
3	7002	高3	B	1	青山光市	85	7002ao@sample.jp
4	7003	高3	A	2	赤沢太郎	89	7003ak@sample.jp
5	7004	高3	C	1	秋本直	64	7004ak@sample.jp

H2	▼		f_x	=INDEX('住所録'!A\$2:H\$11,MATCH(A2,'住所録'!A\$2:A\$11,0),8)		

	A	B	C	D	E	F	G	H
1	ID	学年	組	番号	氏名	成績	メールアドレス	
2	7001	高3	A	1	相川翔太	100	7001ai@sample.jp	7001ai@sample.jp
3	7002	高3	B	1	青山光市	85	7002ao@sample.jp	7002ao@sample.jp
4	7003	高3	A	2	赤沢太郎	89	7003ak@sample.jp	7003ak@sample.jp
5	7004	高3	C	1	秋本直	64	7004ak@sample.jp	7004ak@sample.jp

6.2 数理モデルとシミュレーション

社会での現象や行動を分析する際に，実際の現象に影響を及ぼす要因（変数）は複雑であり多数あることに気づきます。そこで，いくつかの変数に焦点を絞り，それが結果にどのような影響を及ぼすのかを分析することにします。この社会の縮図のようなものを**（数理）モデル**といいます。下に挙げる例のように，前後の状態の変化を**漸化式**や**微分方程式**といった数式を用いて記述していきます（本書では時刻 n と次の $n+1$ の状態を記す漸化式のみを扱います）。

例題 6.2 （食堂の評判が広まるモデル）

ある学生寮では，全員が毎晩二つの食堂 A，B のいずれかで必ず夕食をとるという。ある日からデータをとったところ，食堂 A で夕食をとった人が翌日も食堂 A を選ぶ確率は 80% であり，20% が食堂 B に変えます。また食堂 B で夕食をとった人が翌日も食堂 B を選ぶ確率は 50% であり，50% が食堂 A に変えることがわかりました。ある日から数えて n 日後に食堂 A で夕食をとる人の割合は a_n，食堂 B で夕食をとる人の割合は b_n であるとします。

(1) a_{n+1}，b_{n+1} をそれぞれ a_n，b_n を用いた式で表せ。

(2) 表計算で a_n，b_n の値の変化を調べよ。

（初日の割合 a_1，b_1 は各自で適当に決める必要がありますが，(2) を考えるとあることに気づきます。）

	A	B	C
1	n日後	an	bn
2	1	0.5	0.5
3	2		

例題 6.2 の解答例

(1) $a_{n+1} = 0.8a_n + 0.5b_n$，$b_{n+1} = 0.2a_n + 0.5b_n$

(2) とりあえず最初は $a_1 = b_1 = 0.5$ であるとします。

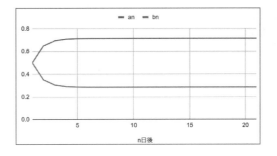

	A	B	C
1	n日後	an	bn
2	1	0.5	0.5
3	2	0.65	0.35
4	3	0.695	0.305
5	4	0.7085	0.2915
6	5	0.71255	0.28745
7	6	0.713765	0.286235
8	7	0.7141295	0.2858705
9	8	0.71423885	0.28576115
10	9	0.714271655	0.285728345
11	10	0.7142814965	0.2857185035
12	11	0.714284449	0.2857155511
13	12	0.7142853347	0.2857146653
14	13	0.7142856004	0.2857143996
15	14	0.7142856801	0.2857143199
16	15	0.714285704	0.285714296
17	16	0.7142857112	0.2857142888
18	17	0.7142857134	0.2857142866

a_1 である B2 セルだけ数値を変更すれば自動的に他のセルも切り替わるように，C2 セルは「=1-B2」としておきます。

次に，3 行目は

A3 セル「=1+A2」，B3 セル「=B2*0.8+C2*0.5」，C3 セル「=B2*0.2+C2*0.5」

として，あとは A3 〜 C3 を範囲選択して下方に一気にオートフィルで複写します。

すると，a_n は 0.71428571……に収束することがわかります。この値は 5/7 に等しいことが予想できます。

試しに **B2 セルの値を色々と変えて**みましょう。どのように変えても（たとえ 0 にしても）上と同じ値に収束することがわかります。

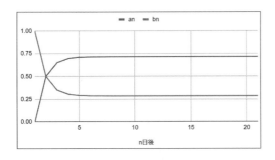

もし，a_n，b_n の値が収束することがわかっているとしたら，（1）の式はずっとある値 a，$1-a$ のままであることを考えると，

$$a = 0.8a + 0.5(1-a)$$

の式から，$a = 5/7$ という結果が得られます。

数学 B を学ぶと，次のように a_n の式を具体的に求めることができます。

$$a_{n+1} = 0.8a_n + 0.5(1 - a_n) \Leftrightarrow a_{n+1} = 0.3a_n + 0.5$$

$$\Leftrightarrow a_{n+1} - \frac{5}{7} = 0.3\left(a_n - \frac{5}{7}\right)$$

より，$a_n = \dfrac{5}{7} + \left(\dfrac{3}{10}\right)^{n-1}\left(a_1 - \dfrac{5}{7}\right)$

ただし，漸化式で定義された数列をこのように具体的に式で表すことは一般には難しく，多くの場合はシミュレーションに頼ることになります。具体的な式で表すことができれば未来予測は簡単にできますが，それが不可能であるのは，ここに挙げたように単純な式で表すことができないことに因ります。

例（マルサスの人口モデルとロジスティック曲線）

発展途上国の 1 年間の人口増加数は，そのときの人口に比例するという数理モデル**マルサスモデル**が知られています。漸化式を用いると，n 年目の人口を a_n とすると，

$$a_{n+1} - a_n = ka_n \quad (k > 0)$$

つまり

$$a_{n+1} = (k+1)a_n$$

と表せることになります。つまり，前年の $k + 1$ 倍になっていくことがわかります。

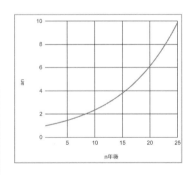

したがって，

$$a_n = a_1(k+1)^n$$

という**指数関数**で表されることがわかります。**指数関数的な変化**とは，**最初はゆっくりしか増えないが，途中から急激に増える**という特徴があります。

　感染症の拡大も初期段階はこのモデルに従いますし，「学力」についても同様で，「**学力の伸びは現時点での知識とスキルに比例する**」と考えると，このモデルが適用できる，つまり「成果は**最初のうちは，学習量に比例せず緩やかな伸びであるものの，継続していけばある時を境に急激に伸びていく**」ことがわかります。

　しかし，このような人口増加モデルは先進国には適用できなくなります。食料や環境が飽和状態になっていくことが考えられるので，増加に歯止めをかける要素が加わります。

　具体的には，a_nの想定最大値を 1 としたとき，

$$a_{n+1} - a_n = ka_n(1 - a_n)$$

（a_n が 1 に近づくほど $1 - a_n$ の値は 0 に近づき，増加の勢いを抑える役割を果たします。）

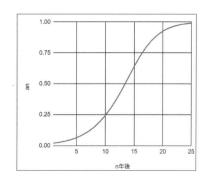

　B3 セルに「=B2*(D$1+1)-D$1*B2^2」と入力してオートフィルで複写します。

　最初のうちは $1 - a_n \fallingdotseq 1$ であるので，指数関数の変化と変わりないものの，値が急上昇すると，その伸びに歯止めがかかり，収束していくことがわかります。この曲線は**ロジスティック曲線**といわれ，ニューラルネットワークを用いた AI（機械学習）の仕組みによく用いられるものです。収束していく値（ここでは 1）のことを**環境収容力**といい，この値を予測する目的で本モデルにあてはめる試みも行われています。

6.3 乱数によるシミュレーションと正規分布 （数学 B 確率統計と関連）

　例えば，「文化祭の出店で，おつりをどのくらい用意しておいたらなくなることはないのか」といったことを考えてみましょう。毎年同じお店を開いていて，100 円で支払う人，1000 円札で支払う人などいくつかの払い方があり，しかもどの方法の人がどのくらいの割合いるのかによっても，用意しておくべきお金の量は変わってきます。さらに，支払い方の傾向がわかっていたにしても，たまたま特定の支払い方に偏ってしまうということは考えられます。

　このように，日常生活では確率に支配されていることが多くありますが，過去のデータがあればある程度の予測，そしてばらつき具合を予測することができます。ここでは乱数を用いて，このような確率に支配されている現象について，いくつかシミュレーションをすることにします。

例 1 （サイコロ投げ―1 の目が出る回数は 1/6 か）

　サイコロを何回も投げると 1 の目が出る回数はだいたい 1/6 であることが言われていますが，きっちり投げた回数の 1/6 かというと，ある程度のばらつきが発生します。ここでは表計算の乱数に関する関数を用いて，「サイコロを 100 回投げて 1 の目が出た回数を調べる」操作を 100 回行うシミュレーションをしてみます。

　まず，Google のスプレッドシートの場合，最初 26 列しか縦列が用意されていないので，事前に増やす作業が必要になります。

　A 〜 Z までのセルを範囲選択してセル幅を短く調整し，そのまま右クリックすると，「右に26 列増やす」という選択ができる（通常は 1 列）ので，これを選択して 26 列増やします。これを計 4 回行い，CZ 列（104 列）くらいまで列を増やしておきます。

　1 行目に何回目の操作なのかを表す数字を 1 〜 100 （B 列〜 CW 列）をオートフィルで入れます。

B2 セルに「1 から 6 までの整数のどれかを等確率で返す」

```
=RANDBETWEEN(1,6)
```

を入力し，B101 セルまでオートフィルで複写，そのまま CW101 セルまでオートフィルで複写します。

B2:B101 ▾ | fx =RANDBETWEEN(1,6)

	A	B	C	D	E	F	G
1	回	1	2	3	4	5	6
2		5					
3		1					
4		3					
5		5					
6		5					
7		4					

これで，縦の 100 行で「サイコロを 100 回投げて出た目を記録する」操作が行われ，B～CW 列でそれが 100 回行われたことになります。

102 行目で，各操作での 1 の目の個数をカウントします。B102 セルに

`=COUNTIF(B2:B101,1)`（`B2:B101` セルで「1」の個数を数える）

と入力し，CW102 までオートフィルで複写します。

B102:CW1(▾ | fx =COUNTIF(B2:B101,1)

	A	B	C	D	E
96		1	3	3	6
97		6	2	6	5
98		4	6	1	4
99		6	5	1	5
100		6	2	6	2
101		5	5	6	4
102	1の目の回数	11	20	16	20

（注意）乱数の更新を止める方法

乱数データは何か一つ操作を行うたびに更新されます。これが気になる場合は，B2:CW101 を範囲選択して右クリックで「コピー」し，そのまま B2 セルをクリックして［特殊貼り付け］→［値のみ貼り付け］を選択して貼り付けると，乱数の値が固定できます。

102 行目のデータを見ると，1 桁の数から 28 くらいまで幅広く数値が並んでいることがわかります。100 回中 1/6 の確率で 1 の目が出るので，16，17 回位が理論値となりますが，実際はばらつきが発生することがわかります。では，この分布の状況をヒストグラムで表してみましょう。

	A	B	C	D	E	F	G
B106		f_x	=FREQUENCY(B102:CW102,A106:A116)				
102	1の目の回数	18	15	13	23	18	16
103							
104	度数分布						
105	階級上限値	度数					
106	6	0					
107	8	0					
108	10	3					
109	12	10					
110	14	16					
111	16	21					
112	18	16					
113	20	16					
114	22	8					
115	24	8					
116	26	2					
117	28	0					

　簡単のため，2毎に階級を設定し，階級上限値6〜28までA列に設定します（FREQUENCY関数（4.2節参照）を使うため，階級上限値を設定します）。

　B106セルに「=FREQUENCY(B102:CW102,A106:A116)」と入力すると，各階級に対応する度数が表示されます。この表を範囲選択して，「縦棒グラフ」としてヒストグラムを描くと下図のようになります（グラフは乱数データにより異なります。例として2つ挙げておきます）。

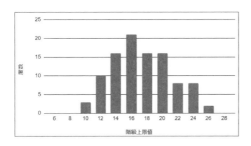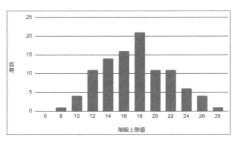

　いずれも「15，16」「17，18」あたりの度数が多いものの，「100回中8回や28回」という極端な場合も発生していることがわかります。102行目のデータについて「=STDEV.P(B102:CW102)」で標準偏差を求めると，3.4〜4くらいの値になることがわかります（これも誤差があります）。

　このように，サイコロ投げで1の目が出る回数の度数分布は，**左右対称の釣鐘状**の「**正規分布**」というものに従う（8.3節参照）とされていて，中央の16〜17を基準に，（平均値）±（標準偏差）の範囲である13〜20の階級に，全体の約68%（上の例だと16＋21＋16＋16＝69）のデータが含まれる分布になることが，理論上知られています。さらに，（平均値）±（標準偏差）×2の範囲には95%のデータが含まれ，逆に，この範囲に含まれないデータは「めったに起きない」と認識されます（上の例では8回以下や26回以上）。

　　本節の狙いは，数学 B で学ぶ確率統計の直感的な理解を促すことを目的としています。数式を用いた理論について数学では学びますが，その結果で得られる数値の意味は，この節で扱う表計算でのシミュレーション抜きには理解しがたいものがあります。例えば，上記のシミュレーションで得られる「1 の目の回数」の標準偏差が 3.7 前後の値になるのは，次の理論に従います。

　　サイコロを投げて 1 の目の出る確率は 1/6 であることから，1 の目が出る回数は「確率 $p = 1/6$，n 数が 100」の**二項分布**に従い，平均値（期待値）は np，分散は $np(1-p)$ であることが知られています。

　　したがって，1 の出る回数の平均値は $100/6 \fallingdotseq 16.6$（これは直感でもわかるレベルですね），分散と標準偏差は，

$$np(1-p) = 100 \times \frac{1}{6} \times \frac{5}{6} = \frac{500}{36}, \quad \sqrt{np(1-p)} = \frac{10}{6}\sqrt{5} \fallingdotseq 3.7$$

となり，上のシミュレーションの結果とも合致することが確認できます（**詳細は 8.5 節参照**）。

例 2（2 枚のコイン投げ）

　　コインを 2 枚投げて 2 枚とも表が出る確率が 1/3 でなく 1/4 であることを，シミュレーションで確認します。

　　ここでは，「コインを 2 枚投げることを 100 回行い，2 枚とも表となった回数を記録する」操作を 100 回行います。

　　サイコロ投げと同様に，シートの縦列を 104 列まで増やしておきます。

「コイン 2 枚投げて 2 枚とも表が出たときは 1，そうでないときは 0 と記録」します。

B2	▼		fx	=IF(AND(RANDBETWEEN(0,1)=1,RANDBETWEEN(0,1)=1),1,0)						
	A	B	C	D	E	F	G	H	I	J	K
1	回	1	2	3	4	5	6	7	8	9	10
2		0	0	0	0	0	1	0	1	1	1
3		0	0	0	0	0	0	0	0	0	1
4		0	0	0	1	0	0	0	1	0	0

　　B2 セルに，IF 関数と AND 関数を用いて（2.11 節参照）

　　=IF(AND(RANDBETWEEN(0,1)=1,RANDBETWEEN(0,1)=1),1,0)

と入力し，B101 まで，さらにそのまま CW101 までオートフィルで複写します。

　　B102 セルには，各列の 1 の個数を調べるために「=COUNTIF(B2:B101,1)」を入力して，CW102 までオートフィルで複写します。

A列 105 行目から度数分布表の階級上限値を 2 毎に設定し，B105 セルに

    =FREQUENCY(B102:CW102,A105:A117)

を入力し，度数分布表を，さらに縦棒グラフとしてヒストグラムを描出すると，下図のように
なります。

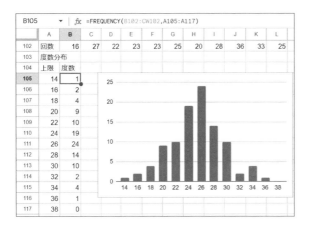

　したがって，「2 枚とも表」であるのは 100 回中 25 回前後起きることが多いことが確認でき
ますが，標準偏差（=STDEV.P(B102:CW102)）は 4.3 前後とある程度のばらつきがあることが確
認できます。つまり回数が 21 ～ 29 の範囲になる確率が約 68% ということになります。（16
回以下，36 回以上は（平均値）±（標準偏差）× 2 の外にあり，めったに起きない（5% 以下）
ことと認識されます。）
（理論値の標準偏差は，$\sqrt{np(1-p)} = \sqrt{100 \cdot (1/4) \cdot (3/4)} = (10/4)\sqrt{3} \fallingdotseq 4.3$ です。）

6.4 データの標準化とばらつき具合の比較

　3.4 節と 4.1 節で，次図のようなスポーツテストでの 50 m 走のタイムと幅跳びの記録につい
て，散布図を描いて相関関係を調べることを行いました。**この 2 変量の数値の尺度は異質なも
のであり，平均や散らばり具合から考えて，各データはどれだけ平均から離れているのかはす
ぐにはわかりにくいもの**となっています。そこで，偏差値のように，各データが「平均値から
標準偏差何個分離れた数値なのかを求める」ことを**標準化**といい，全データを標準化して分析
することにします。

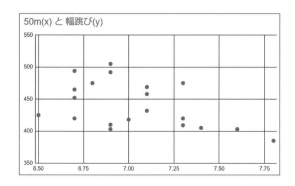

つまり，変量 X のデータ $(X_1, X_2, \ldots, X_n)$ の平均値を $\overline{X}$，標準偏差を s とするとき，

$$\frac{X_k - \overline{X}}{s}$$

に変換することを**標準化**といいます（**偏差値はこの値を 10 倍して，50 加えた値**です）。

　まず，50 m 走のタイム x と走り幅跳び y のデータの平均値と標準偏差をそれぞれ求めます。B22 には「=AVERAGE(B2:B21)」，B23 には「=STDEV.P(B2:B21)」を入力し，C 列にオートフィルで複写します。

　次に，D 列に x の標準化した値，E 列に y の標準化した値を算出します。D2 セルに「=(B2-B$22)/B$23」を入力し，D21 へオートフィル，そのまま E 列にオートフィルで複写すると，一気に標準化が完了します。

B23		▼	fx	=STDEV.P(B2:B21)	
	A	B	C		
1	ID	50m(x)	幅跳び(y)	xの	
2	1	6.8	475		
3	2	6.9	410		
4	3	6.9	403		
5	4	7.1	432		
6	5	7.4	405		
7	6	6.5	425		
8	7	7	418		
9	8	6.9	505		
10	9	6.7	420		
11	10	6.7	494		
12	11	6.9	492		
13	12	7.3	420		
14	13	7.6	403		
15	14	7.8	385		
16	15	7.1	469		
17	16	6.7	465		
18	17	7.3	475		
19	18	7.3	409		
20	19	6.7	452		
21	20	7.1	458		
22	平均	7.035	440.75		
23	標準偏差	0.32599	35.099679		

D2		▼	fx	=(B2-B$22)/B$23	
	A	B	C	D	E
1	ID	50m(x)	幅跳び(y)	xの標準化値	yの標準化値
2	1	6.8	475	-0.720862287	0.975792386
3	2	6.9	410	-0.414112377	-0.876076375
4	3	6.9	403	-0.414112377	-1.075508396
5	4	7.1	432	0.1993874411	-0.249290025
6	5	7.4	405	1.119637169	-1.018527819
7	6	6.5	425	-1.641112015	-0.448722046

散布図を描くと，次のようになります（［カスタマイズ］→［グリッドラインと目盛り］で縦軸と横軸の目盛りを変更しています）。

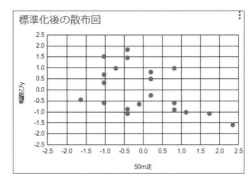

すると，縦軸横軸とも「0.0」の線が「平均値」となっていて，「1.0」が標準偏差1つ分，「2.0」が2つ分という具合に，データのばらつき具合を見ることができます。

この平均値の線を基準に4つの領域に分けて，ともに正の値の領域は「50 m走は不得意だが，幅跳びは得意である」，ともに負の値の領域は「50 m走は得意だが，幅跳びは不得意である」といったように分類することができます（**共分散の定義はこの見方に基づいています**）。

また，変量間でのばらつき具合の比較が箱ひげ図を並べることで容易になり，外れ値の検出などもわかりやすくなります。

	B	C	D	E
24				
25		四分位数	50m走x	幅跳びy
26		最大値	2.346636807	1.830501046
27		第3四分位	0.81288726	0.847586087
28		第1四分位	-0.797549764	-0.883198948
29		最小値	-1.641112015	-1.588333592
30		中央値	-0.260737423	-0.349006035

D27　fx =QUARTILE(D$1:D$21,3)

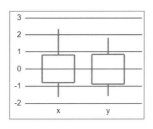

なお，**標準化の前後での相関係数の値の変化はありません**（**8.6節参照**）。

第7章

データ分析の
実践演習 II

　本章では，第6章で学んだことを活かしてさらに本格的な分析演習を行います。これらの追体験をすること自体，教科横断的な学びの探究学習といえます。

7.1 購買データの分析 3 （データベースの整理・クロス集計）

　架空の家電量販店の購買記録から，顧客層や店舗の売上について分析していきます。用意しているデータは次の通りです。これらを結合して分析していきます。

①購入台帳（秋葉原店・1/1 のみ）

	A	B	C	D	E	F
1	no	日付	店舗名	購入品	数量	会員ID
2	1	2022/1/1	秋葉原	洗濯機	1	9
3	2	2022/1/1	秋葉原	冷蔵庫A	1	7
4	3	2022/1/1	秋葉原	テレビ	1	42
5	4	2022/1/1	秋葉原	テレビ	1	20
6	5	2022/1/1	秋葉原	電気釜	1	15

②会員データ

	A	B	C	D	E
1	会員ID	氏名	住所	生年月日	メールアドレス
2	1	○○△△	千葉県	1966/4/13	y1@sample.com
3	2	○○△△	東京都	1975/6/16	y2@sample.com
4	3	○○△△	東京都	1970/6/20	y3@sample.com
5	4	○○△△	東京都	1949/7/17	y4@sample.com
6	5	○○△△	東京都	1961/4/14	y5@sample.com

③全店舗購買データ（3 か月分）

	A	B	C	D	E
1	no	日付	店舗	購入品	数量
2	1	2022/1/1	秋葉原	テレビ	13
3	2	2022/1/1	秋葉原	電気釜	10
4	3	2022/1/1	秋葉原	冷蔵庫A	5
5	4	2022/1/1	秋葉原	冷蔵庫B	5
6	5	2022/1/1	秋葉原	洗濯機	7
7	6	2022/1/1	渋谷	テレビ	12
8	7	2022/1/1	渋谷	電気釜	9

④価格・店舗データ

	商品名	単価
2		
3	テレビ	26000
4	電気釜	23000
5	冷蔵庫A	35000
6	冷蔵庫B	102000
7	洗濯機	69000
8		
9	店舗名	所在地
10	秋葉原	東京都
11	渋谷	東京都
12	池袋	東京都
13	川崎	神奈川県

STEP1. 1/1 秋葉原店利用者の顧客年齢層を調べる

　1/1 の秋葉原店の購入台帳には会員番号が記載されています。これに会員データから該当する番号の会員を検索して生年月日のデータを結合し，2022/1/1 の日付との差から年齢を計算します。

　購入台帳の G 列に「生年月日」の欄を設け，G2 セルにまず検索したい会員番号のある「F2」

を第 1 引数として「=VLOOKUP(F2,」まで打ち込んだら，会員データのシートに移り，データ範囲（**最左列が検索値の会員番号の列であることを確認**）を選択して VLOOKUP 関数の第 2 引数を埋めます。会員データの 4 列目のデータが欲しいので，「4」を第 3 引数にします。

A1	▼	fx	=VLOOKUP(F2,'会員データ'!A2:E101,4,FALSE)				
	A	B	C	D	E	F	G
88	87	○○△△	埼玉県	1947/8/10	y87◯	購入台帳(秋葉原1/1)'!G2	
89	88	○○△△	埼玉県	1988/10/8	y88◯	=VLOOKUP(F2,'会員データ'!A2:E101,4,FALSE)	
90	89	○○△△	千葉県	1976/10/11	y89@sample.com		

このあと購入台帳の G 列についてオートフィルで複写を行うので，G2 セルは

=VLOOKUP(F2,' 会員データ '!A$2:E$101,4,FALSE)

と入力することになります。

G3	▼	fx	=VLOOKUP(F3,'会員データ'!A$2:E$101,4,FALSE)				
	A	B	C	D	E	F	G
1	no	日付	店舗名	購入品	数量	会員ID	生年月日
2	1	2022/1/1	秋葉原	洗濯機	1	9	1989/8/31
3	2	2022/1/1	秋葉原	冷蔵庫A	1	7	1991/5/18
4	3	2022/1/1	秋葉原	テレビ	1	42	1985/3/10

次に，購入日と生年月日の差から年齢を計算します。日付の差を求める DATEDIF 関数というものがあるので，それを利用します。H2 セルに

=DATEDIF(G2,B2,"y")　（"y" は年（year）のみ取り出す）

と入力し，オートフィルで複写します。

H2	▼	fx	=DATEDIF(G2,B2,"y")					
	A	B	C	D	E	F	G	H
1	no	日付	店舗名	購入品	数量	会員ID	生年月日	年齢
2	1	2022/1/1	秋葉原	洗濯機	1	9	1989/8/31	32
3	2	2022/1/1	秋葉原	冷蔵庫A	1	7	1991/5/18	30

得られた年齢のデータから度数分布を作成し，ヒストグラムを描画します。年齢は 5 歳刻みで階級を設定します。K2 セルに「=FREQUENCY(H2:H39,J2:J11)」と入力します。

K2	▼	fx	=FREQUENCY(H2:H39,J2:J11)
	I	J	K
1		年齢の階級上限値	度数
2		25	1
3		30	7
4		35	5
5		40	7
6		45	5
7		50	4
8		55	3
9		60	1
10		65	2
11		70	0
12		75	3

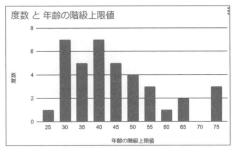

ヒストグラムは「縦棒グラフ」として描画します。30代〜40代の利用者が多いことがわかります。

（今回は 1/1 のみのデータですが、3か月間全店舗のデータとなるとかなりの件数になり、正確な利用者の情報が得られます。全く同一の方法でできます。また、会員データには会員の住所も掲載されているので、どの地域の人が利用しているのかも分析することができます。）

STEP2. 3か月間の月別店舗別売上額の比較を行う

次に、全店舗購買データに価格データから各商品の単価の情報を結合し、購買データの各行の合計金額を求めます。

全店舗データのF列に「単価」の欄を設けます。価格データとは商品名で紐づけられているので、F2セルではD2（購入品・テレビ）を検索値として「=VLOOKUP(D2,」まで入力し、「価格・店舗データ」のシートに移って、**検索値のある商品名を最左列**とするA3:B7を範囲選択して第2引数を埋めます。単価はこの範囲の2列目なので、第3引数は「2」とします。

オートフィルで複写するので、F2セルには、

=VLOOKUP(D2,' 価格・店舗データ '!A$3:B$7,2,FALSE)

と入力することになります。

（復習）INDEX, MATCH関数で出力する

6.1節で、VLOOKUP関数より汎用性の高いINDEX, MATCH関数を利用する方法について説明しました。ここであらためて確認します。

まず、INDEX関数について、

=INDEX((価格・店舗データの)A3:B7,(商品名 D2 のある行),2)

となります。「商品名 D2 のある行」をMATCH関数で探します。

MATCH(D2,(価格・店舗データの)A3:A7,0)　　　（最後の 0 は完全一致の意味）

以上を組み合わせると，全店舗購買データの F2 セルには，

=INDEX(' 価格・店舗データ '!A$3:B$7,MATCH(D2,' 価格・店舗データ '!A$3:A$7,0),2)

と入力して，オートフィルで複写すればよいことがわかります。

合計金額は，G2 セルに「=E2*F2」を入力して，オートフィルで複写します。

これで購買データが完成しました。このデータを店舗や購入品，あるいは月別など複数の項目で分類して合計売上額を計算する**クロス集計**を行います。用いるのは「**ピボットテーブル**」というものです。購買データの A1:G1801 を範囲選択して［挿入］→［ピボットテーブル］を選択し，「新しいシートに作成」を選択すると，右図のようなエディタが開きます。

行や列に分類したい項目を選択し，値は「合計金額」を選択するようにします。例えば，行に「店舗」，列に「購入品」を選択すると，次のような表が得られます。

合計金額 の SUM	購入品					
店舗	テレビ	洗濯機	電気釜	冷蔵庫A	冷蔵庫B	総計
秋葉原	21,658,000	35,811,000	13,892,000	14,735,000	63,036,000	149,132,000
渋谷	23,738,000	29,256,000	12,880,000	24,395,000	46,716,000	136,985,000
川崎	16,328,000	47,058,000	15,387,000	15,470,000	71,604,000	165,847,000
池袋	20,800,000	34,293,000	14,329,000	23,520,000	49,776,000	142,718,000
総計	82,524,000	146,418,000	56,488,000	78,120,000	231,132,000	594,682,000

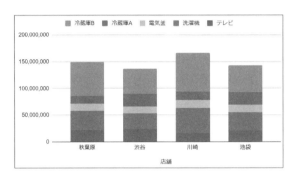

さらに，得られた表を範囲選択して，「積み上げ縦棒グラフ」でグラフ化することができます。これにより，どの店舗でどの品目の売り上げが良いのかを調べることができます。ただし，単価が品目ごとに異なるので，「売上個数」で比較したいときは値を「数量」にします。

数量 の SUM	購入品					
店舗	テレビ	洗濯機	電気釜	冷蔵庫A	冷蔵庫B	総計
秋葉原	833	519	604	421	618	2,995
渋谷	913	424	560	697	458	3,052
川崎	628	682	669	442	702	3,123
池袋	800	497	623	672	488	3,080
総計	3,174	2,122	2,456	2,232	2,266	12,250

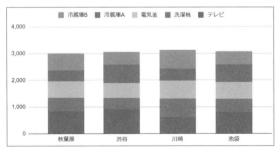

また，月別の売り上げを見るときは，H列に「月」の欄を設け，H2 セルに「=MONTH(B2)」と入力し，オートフィルで複写します。

ピボットテーブルの行は「店舗」，列は「月」を選択して，値は「合計金額」にすると，店舗ごとの月別売上データが取得できます。

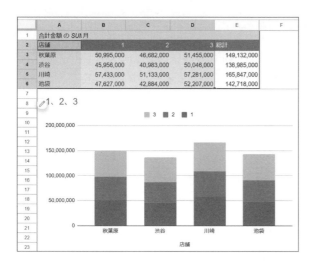

さらに，行に「月」と「店舗」の2つ，列に「購入品」のように，複数の項目を選択して集計することもできます（紙面の都合で省略します）。

7.2 購買データの分析4（時系列データ・移動平均法）

ここでは，架空の家電量販店のエアコンの日別販売台数の推移について分析していきます。
早速その推移を折れ線グラフで可視化します（A～C列を範囲選択して，エディタでB列の情報を削除します）。

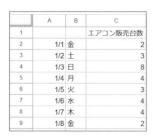

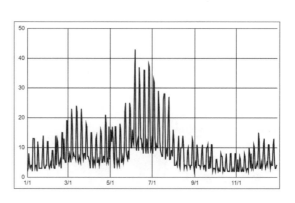

ギザギザが目立ちますが，これは週末に売り上げが集中していることが反映されています。ただ，これでは，季節に応じた売り上げの変化がやや見えにくくなっていますので，**移動平均法**という，何日かごとの平均をとってグラフ化する方法で分析することにします。

　　まず，7日間移動平均として，D5に「=AVERAGE(C2:C8)」を入力してオートフィル，30日間
移動平均として，E17に「=AVERAGE(C2:C31)」を入力してオートフィルで複写します。

D5	▼	*fx*	=AVERAGE(C2:C8)		
	A	B	C	D	E
1			エアコン販売台数	7日間移動平均	30日間移動平均
2	1/1	金	2		
3	1/2	土	3		
4	1/3	日	8		
5	1/4	月	4	4	
6	1/5	火	3	4	
7	1/6	水	4	5.428571429	
8	1/7	木	4	6.142857143	
9	1/8	金	2	7.428571429	
10	1/9	土	13	7.428571429	
11	1/10	日	13	7.428571429	
12	1/11	月	13	7.428571429	
13	1/12	火	3	7.428571429	
14	1/13	水	4	7.285714286	
15	1/14	木	4	6.714285714	
16	1/15	金	2	5.285714286	
17	1/16	土	12	5.285714286	5.7
18	1/17	日	9	5.142857143	6.033333333
19	1/18	月	3	5	6.066666667

　　それぞれ折れ線グラフで可視化すると下図のようになります。7日間のほうでギザギザが目
立つのは「祝日の有無」，30日間のほうは「土日の数の違い」によるものと考えられますが，
30日間のほうがより変動が滑らかになっていて，どちらの図からも季節の変動，特に最高気温
の変化と関係があることが予想できます。

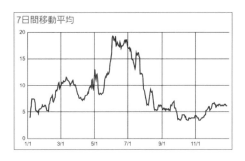

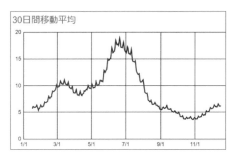

　　先ほどの移動平均のグラフをよく見ると，最高気温のピーク時よりも少し前の時期にエアコ
ンの販売台数のピークがあることが確認できます。そこで，まず元データと最高気温の相関係
数を求めます。別シートから東京都の最高気温データをF列にコピーして，CORREL関数で相関
係数を求めます。ここで，元データでは週末と平日とで販売台数の差が大きいので，7日間の
移動平均のデータを用います。

　　　=CORREL(D5:D363,F5:F363)

で計算すると，0.345という弱い相関になります。

次に，最高気温を何日間かずらすことを考えます。「エアコン販売台数の 7 日間移動平均」
と「最高気温」の推移の折れ線グラフを重ねると，2 か月ずらすと最高気温のピークが重なる
ことに気づきます。そこで，F 列のデータを 60 日前にずらします（後ろ 2 か月は F 列最初の
2 か月のデータに）。G2 に「=F62」をいれて G306 までオートフィル，G307 に「=F2」をいれオー
トフィルで G366 まで複写します。

```
=CORREL(D5:D363,G5:G363)
```

で計算すると，0.725 という強い相関関係が得られます。架空の販売台数のデータではあるの
で，実態は定かではありませんが，少なくともこのデータからは暑くなる時期に備えて，2 か
月前倒しでエアコンを購入する傾向があることが読み取れます。

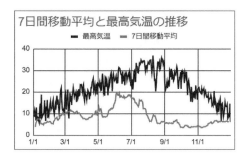

7.3 社会統計分析 2（正規分布・標準偏差の計算）

6.3 節で扱った正規分布の例として，身長の分布が挙げられます。政府統計のサイト「e-Stat」
から「17 歳男子の身長の分布」に関するデータを検索して取得することにします。

まず，e-Stat のサイトを開いて「身長分布」でキーワード検索します。

「学校保健統計調査（2022年度）」の「2/ 身長の年齢別分布」が見つかります。この Excel ファイルをダウンロードします。（毎年更新されていきますが，過去の年度のものも検索結果のすぐ下のほうで見つかります。）

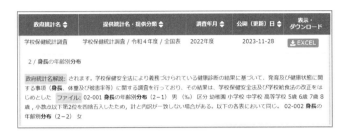

政府統計名 ⬍	提供統計名・提供分類 ⬍	調査年月 ⬍	公開（更新）日 ⬍	表示・ダウンロード
学校保健統計調査	学校保健統計調査 / 令和４年度 / 全国表	2022年度	2023-11-28	⬇ EXCEL

2/ 身長の年齢別分布

政府統計名解説：されます。学校保健安全法により義務づけられている健康診断の結果に基づいて，発育及び健康状態に関する事項（身長，体重及び被患率等）に関する調査を行っており，その結果は，学校保健安全法及び学校給食法の改正をはじめとした ファイル：02-001 身長の年齢別分布（2−1）男（‰）区分 幼稚園 小学校 中学校 高等学校 5歳 6歳 7歳 8歳，小数点以下第2位を四捨五入したため，計と内訳が一致しない場合がある。以下の各表において同じ。02-002 身長の年齢別分布（2−2）女

ダウンロードフォルダから「r4_hoken_tokei_02」のファイルを Google のマイドライブにアップロードして開くと，次のような表が表示されます。

A1	▼	fx	2 身長の年齢別分布（2−1）											
	A	B	C	D	E	F	G	H	I	J	K	L	M	N
1	2 身長の年齢別分布（2−1）													
2														
3	1 男	(‰)	(‰)	(‰)	(‰)	(‰)	(‰)	(‰)	(‰)	(‰)	(‰)	(‰)	(‰)	(‰)
4	区分	幼稚園	小学校	小学校	小学校	小学校	小学校	小学校	中学校	中学校	中学校	高等学校	高等学校	高等学校
5	区分	5歳	6歳	7歳	8歳	9歳	10歳	11歳	12歳	13歳	14歳	15歳	16歳	17歳
6	計	1000.0	1000.0	1000.0	1000.0	1000.0	1000.0	1000.0	1000.0	1000.0	1000.0	1000.0	1000.0	1000.0
7	〜90cm	0.0	0.0											
8	91cm	-	-		-	-	-	-	-	-	-	-	-	-
9	92cm	-	-		-	-	-	-	-	-	-	-	-	-
10	93cm	0.2	-		-	-	-	-	-	-	-	-	-	-
11	94cm	0.1	-		-	-	-	-	-	-	-	-	-	-
12	95cm	0.4	-		-	-	-	-	-	-	-	-	-	-
13	96cm	0.5	-		-	-	-	-	-	-	-	-	-	-
64	147cm	-	-	-	0.8	5.3	26.4	54.3	32.5	8.1	1.7	0.3	0.1	0.1
65	148cm	-	-	-	0.3	4.4	24.8	49.0	39.4	12.0	1.9	0.1	0.1	0.0
66	149cm	-	-	-	0.2	3.0	19.2	43.7	37.9	12.8	2.3	0.1	0.0	0.0
67	150cm	-	-	-		1.8	15.2	42.9	42.8	18.2	3.6	0.2	0.2	0.2
68	151cm	-	-	-	0.0	1.3	10.5	41.7	46.2	19.9	4.5	1.3	0.4	0.0
69	152cm	-	-	-		0.6	8.8	36.6	46.5	24.5	6.2	1.5	1.0	0.5
70	153cm	-	-	-		1.1	6.7	30.9	46.8	28.2	9.7	2.3	1.5	0.3
71	154cm	-	-	-		0.1	6.4	25.3	48.8	30.7	11.3	3.3	1.3	0.9
72	155cm	-	-	-	0.0	0.5	5.4	23.7	48.9	33.6	12.9	3.9	2.1	2.0

17歳男子生徒のデータを取得します（別ファイルまたは別シートを作ってコピーします）。2022年度の場合は 147 cm（147 cm 以上 148 cm 未満）から始まります。

そのままコピーして，N 列の 147 cm 〜 198 cm の割合データを B 列に貼り付けます。ここで，上記データの身長のラベルに単位の「cm」がついていて文字列扱いになっています。これは表計算上不都合なので，下図のように A1，A2 に「147」，「148」を入力してオートフィルで複写して「数値データ」にしておきます。また，B 列のデータで「-」となっているところがあります。これも「0.0」に変えておきます。後ほど修正しますが，B 列の単位は百分率の「%」ではなく，千分率「‰（パーミル）」になっていることに注意します。

	A	B
1	身長	分布(‰)
2	147	0.1
3	148	0.0
4	149	0.0
5	150	0.2

STEP1. 3cm刻みに階級を定めた度数分布表を作成してヒストグラムを描画する

　このままヒストグラムにすることもできますが，3cmごとに階級を設けてグラフ化することにします。C列にB列のデータの3つごとの和を％単位で表示します。C4セルに「=SUM(B2:B4)*0.1」と入力して，オートフィルで複写します（**データは198までですが200までオートフィルします**）。

C4	▼	*fx*	=SUM(B2:B4)*0.1	
	A	B		C
1	身長	分布(‰)		3つごとの和(%)
2	147	0.1		
3	148	0.0		
4	149	0.0		0.01
5	150	0.2		0.02
6	151	0.0		0.02

　次に，度数分布表を作ります。E列にFREQUENCY関数で参照する階級上限値を3cm刻みで入力（E2, E3に149, 152と入れて以下オートフィル）して，D列に階級を記します（省略可）。D2セルに「=(E2-2)&" 〜 "&E2」と入力して，以下オートフィルで複写します。

D2	▼	*fx*	=(E2-2)&"〜"&E2		
	A	B	C	D	E
1	身長	分布(‰)	3つごとの和(%)	階級	階級上限値
2	147	0.1		147〜149	149
3	148	0.0		150〜152	152
4	149	0.0	0.01	153〜155	155

　各階級の割合をF列に記しますが，C列で求めた値からVLOOKUP関数を用いて参照していきます。F2セルの入力は，まずE2の149を検索値として，A2:C55（最左列が検索値の列になっているようにする）をデータ範囲として指定します。A列から149を検索し，その行の「3」列目であるC列のデータを取得するので，第3引数は「3」です。したがって，$をつけて

　　　=VLOOKUP(E2,A$2:C$55,3,FALSE)

と入力して，オートフィルで複写します。

F2	▼	*fx*	=VLOOKUP(E2,A$2:C$55,3,FALSE)		
	A	B	C	D	E	F
1	身長	分布(‰)	3つごとの和(%)	階級	階級上限値	割合(%)
2	147	0.1		147〜149	149	0.01
3	148	0.0		150〜152	152	0.07
4	149	0.0	0.01	153〜155	155	0.32
5	150	0.2	0.02	156〜158	158	1.2
6	151	0.0	0.02	159〜161	161	3.59

　D〜F列を範囲選択して，縦棒グラフとしてヒストグラムを表示します（階級を記述している場合は，グラフエディタから「階級上限値」を削除します）。

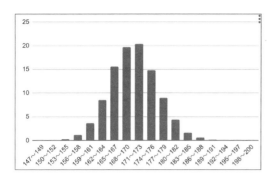

6.3 節で見た釣鐘状の左右対称の正規分布になっていることが確認できます。

STEP2. 平均値と標準偏差を算出する

　続けて，平均値と，ばらつき具合を示す標準偏差を元データから求めることにします。ただし，例えば 147 cm は「147 cm 以上 148 cm 未満」を表しますが，全員「147 cm」とみなすことにします。

　平均値は，147 cm が 0.1‰，150 cm が 0.2‰，152 cm が 0.5‰……となっているので

$$147 \times 0.1 \times 0.001 + 150 \times 0.2 \times 0.001 + 152 \times 0.5 \times 0.001 + \cdots$$
$$= (147 \times 0.1 + 150 \times 0.2 + 152 \times 0.5 + \cdots) \times 0.001$$

で求められます。（この式の理解には**割合の概念がわかっているか**が試されます。17 歳男子は 50 万人程度と考えて，各身長の実際の人数を考えて計算することもできますが，各割合に 50 万をかけて和を求め，結局総数の 50 万で割ることになるので，割合のまま考えられるようにしましょう。）

　つまり，(A2 × B2 + A3 × B3 + … + A53 × B53) × 0.001 を計算することになりますが，「横 2 列の値の積をとって縦に和をとる」便利な関数 SUMPRODUCT を用います（ベクトルの概念を学習した人は，「内積」計算と同じであると解釈できます）。

　B56 セルに「=SUMPRODUCT(A2:A53,B2:B53)*0.001」と入力すると，日常で得られている感覚に近い，170 cm という値が算出できます（数学で学ぶ**「期待値」**(8.5 節参照)としての計算です）。

B56	▼	*fx*	=SUMPRODUCT(A2:A53,B2:B53)*0.001	
	A	B	C	D
55	200		0.01	
56	平均	170.7006		

　続いて，分散は定義に戻って計算します（3.3 節参照）。つまり，各データの平均との差である「偏差」の 2 乗値，「偏差平方」の平均として考えます。

G 列に偏差平方の欄を設け，G2 に「=(A2-B$56)^2」を入力し，オートフィルで G53 まで複写します。

	A	B	C	D	E	F	G
					fx	=(A2-B$56)^2	
							G2 ▼
1	身長	分布(‰)	3つごとの和(%)	階級	階級上限値	割合(%)	偏差平方
2	147	0.1		147〜149	149	0.01	561.7184404
3	148	0.0		150〜152	152	0.07	515.3172404
4	149	0.0	0.01	153〜155	155	0.32	470.9160404
5	150	0.2	0.02	156〜158	158	1.2	428.5148404

分散はこれらの平均ですが，B 列に表示された割合（×約 50 万）ずつデータがあるので，

=G2 × B2 × 0.001 + G3 × B3 × 0.001 + …… + G53 × B53 × 0.001

=(G2 × B2 + G3 × B3 + …… + G53 × B53) × 0.001

と計算できることから，B57 セルに「=SUMPRODUCT(G2:G53,B2:B53)*0.001」と入力します。そして標準偏差はこの平方根なので，B58 セルに「=SQRT(B57)」で算出します。
（以上は数学 B で学ぶ**「確率変数の分散・標準偏差」**の計算法（8.5 節参照）に従っています。）

	A	B	C	D
B57 ▼	fx	=SUMPRODUCT(G2:G53,B2:B53)*0.001		
	A	B	C	D
55	200		0.01	
56	平均	170.7006		
57	分散	33.68309		
58	標準偏差	5.803713		

したがって，（平均値）±（標準偏差）である 165 〜 176 cm に全データの 7 割程度が含まれることになり，これも私たちの実感とあっていることが確認できます（実際，B20 〜 B31 の 165 〜 176 cm の和は 70% になっています）。

7.4 社会統計分析3（指数分布と片対数グラフ）

※この節では，数学Ⅱで学ぶ常用対数の知識を必要とします。

　電球の寿命やメールの受信間隔，放射性元素の崩壊など，ある現象が起こるまでの時間間隔の度数分布は指数関数で表されることが知られています。ここでは，Googleフォームを通じて，その日の課題レポートが提出される時刻のデータをもとに，その時間間隔の分布を調べて，指数関数での近似式を求めることを行います。

	A
	タイムスタンプ
1	
2	2022/12/12 9:36:19
3	2022/12/12 10:08:14
4	2022/12/12 10:12:28
5	2022/12/12 10:12:28
6	2022/12/12 10:12:41
7	2022/12/12 10:14:03
8	2022/12/12 10:16:52
9	2022/12/12 10:16:54
10	2022/12/12 10:16:55
11	2022/12/12 10:17:18
12	2022/12/12 10:17:31
13	2022/12/12 10:17:51

　まず，B列にA列の隣接セル間の時間差を表示します。B3セルに「=A3-A2」と入力し，オートフィルで複写します。ここで，B列全体を範囲選択（Bのセルをクリック）して，B列に表示される数値（単位が「日」（day））を，［表示形式］→［数字］→［経過時間］で秒を表す値に変える必要があることに注意します。

C列に，経過時間の階級（上限値）を10秒間隔で設定し，FREQUENCY関数で度数を求めます（階級上限値も表示形式は経過時間にして，C2は「0:00:10」と入力します）。

	A	B	C	D
	タイムスタンプ	経過時間	経過時間の階級上限値	度数
2	2022/12/12 9:36:19	0:31:55	0:00:10	46
3	2022/12/12 10:08:14	0:04:14	0:00:20	23
4	2022/12/12 10:12:28	0:00:00	0:00:30	13
5	2022/12/12 10:12:28	0:00:13	0:00:40	16
6	2022/12/12 10:12:41	0:01:22	0:00:50	14
7	2022/12/12 10:14:03	0:02:49	0:01:00	9
8	2022/12/12 10:16:52	0:00:02	0:01:10	10
9	2022/12/12 10:16:54	0:00:01	0:01:20	3
10	2022/12/12 10:16:55	0:00:23	0:01:30	3
11	2022/12/12 10:17:18	0:00:13	0:01:40	1
12	2022/12/12 10:17:31	0:00:20	0:01:50	3
13	2022/12/12 10:17:51	0:01:04	0:02:00	0
14	2022/12/12 10:18:55	0:02:14	0:02:10	2
15	2022/12/12 10:21:09	0:00:03	0:02:20	3
16	2022/12/12 10:21:12	0:00:30	0:02:30	2
17	2022/12/12 10:21:42	0:00:33	0:02:40	0
18	2022/12/12 10:22:15	0:02:07	0:02:50	2
19	2022/12/12 10:24:22	0:03:18	0:03:00	0
20	2022/12/12 10:27:40	0:03:05	0:03:10	1
21	2022/12/12 10:30:45	0:00:09	0:03:20	2
22	2022/12/12 10:30:54	0:00:41	0:03:30	0
23	2022/12/12 10:31:35	0:00:13	0:03:40	0
24	2022/12/12 10:31:48	0:01:13	0:03:50	1
25	2022/12/12 10:33:01	0:00:48	0:04:00	12

D2　=FREQUENCY(B2:B167,C2:C24)

　この度数分布を縦棒グラフとして，ヒストグラムで可視化すると次のようになります。

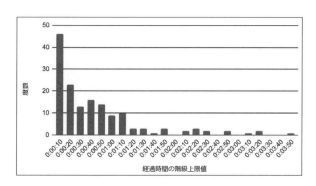

　急激に減少している様子が見てとれます。

　ここで，この関数が $y = b \times 10^{ax}$（x：経過時間，y：度数）という指数関数で表せるとすると，底を10とする常用対数をとったとき，

$$\log_{10} y = ax + \log_{10} b$$

という一次関数で表せることに注目します。したがって，上の度数分布が指数関数のグラフに従うとすると，その分布は直線上に並ぶことが予想できます。

　それでは度数を常用対数に変換します。ただし，度数が0のところは対数が取れない（$-\infty$になる）ので，1分50秒までのデータに限定することにします。E2セルに

　=LOG10(D2)

と入力し，E12までオートフィルで複写します。

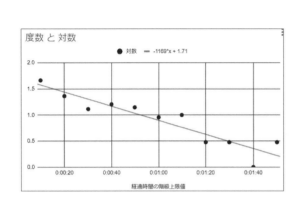

	D	E
	度数	対数
1		
2	46	1.662757832
3	23	1.361727836
4	13	1.113943352

E2 fx =LOG10(D2)

C1〜E12を範囲選択して，散布図（縦軸が対数なので**片対数グラフ**といいます）を描くと次図のようになります。ある程度直線近似ができる状況であることがわかります。

エディタの［カスタマイズ］→［系列］で［トレンドライン］にチェックをつけ，さらにその下のラベルで「方程式を使用」に変えると回帰直線とその式が表示できます。

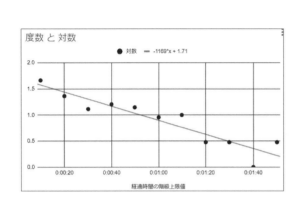
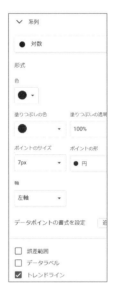

この方程式においても，時間（x）は一度「日（day）」に単位を戻してから計算されていることに注意します。ちなみに，この区間での相関係数は −0.925 でかなり強く，回帰直線の傾きと切片は「=SLOPE(E2:E12,C2:C12)」，「=INTERCEPT(E2:E12,C2:C12)」（y軸の値，x軸の値の順に書くことに注意）でも得られます。

推定値を求める関係で，I列にこれらの値も出力しておきます。

I2 fx =SLOPE(E2:E12,C2:C12)

	H	I
1	相関係数	-0.9252172331
2	傾き	-1169.202974
3	切片	1.709608629

F列に「=C2*I$2+I$3」を入力してオートフィルで複写し，さらにG列は対数から元の数値に戻すべく，G2セルに「=10^F2」（10のF2乗）と入力しG列にオートフィルで複写します（F列の表示形式を［表示形式］→［数字］→［数値］で戻しておきます）。

	C	D	E	F	G	H	I
1	経過時間の階級上限値	度数	対数	対数の推定値	度数の推定値	相関係数	-0.9252172331
2	0:00:10	46	1.662757832	1.57	37.52184722	傾き	-1169.202974
3	0:00:20	23	1.361727836	1.44	27.47639761	切片	1.709608629
4	0:00:30	13	1.113943352	1.30	20.12034273		
5	0:00:40	16	1.204119983	1.17	14.73367059		
6	0:00:50	14	1.146128036	1.03	10.78913277		
7	0:01:00	9	0.9542425094	0.90	7.900637199		
8	0:01:10	10	1	0.76	5.785457412		
9	0:01:20	3	0.4771212547	0.63	4.236559231		
10	0:01:30	3	0.4771212547	0.49	3.102336228		
11	0:01:40	1	0	0.36	2.271770449		
12	0:01:50	3	0.4771212547	0.22	1.66356597		
13	0:02:00	0		0.09	1.218191625		
14	0:02:10	2		-0.05	0.8920540949		

　先ほど描いていたヒストグラムの範囲を，グラフの編集画面でC1:G25（G12でもよい）に変更し，系列に「度数の推定値（G列）」を追加して複合グラフとして描くと，下のように指数関数状の曲線が表示できます。

　実際の式は，xの単位が「日」の場合だと

　　y = 10^(-1169x+1.71)

という式で推定できることがわかります。xを「秒」単位で考えると，10^1.71 ≒ 51.3なので，

　　y = 10^(-1169x/(24 × 60 × 60)+1.71)
　　y = 51.3 × 10^(0.0135x)

となります。相関係数の値が大きかったため，表示される指数関数のグラフとヒストグラムの形状が近いことが観察できます。

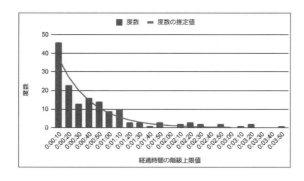

7.5 購買のシミュレーション1（自販機の硬貨枚数）

すべての商品が100円で買える自動販売機があります。買い方は「100円玉1枚で買う」，「500円玉で支払って100円玉4枚お釣りをもらう」，「1000円札1枚支払って，500円玉1枚と100円玉4枚お釣りをもらう」のいずれかであるとします。100円玉で買う人が8割，500円玉で買う人が5%，1000円札で買う人が15%であるとします。

1日に100人の人が自動販売機を利用するとして，「自動販売機の100円玉はいくら用意しておけばよいのか」。100円玉の増減値について乱数を用いたシミュレーションを100回行います。

乱数は1〜20で発生させ，1〜16のときは100円玉で購入，17は500円で購入，18〜20のときは1000円札で購入するものとします。

まずA〜Zセルを選択して，右クリックで26列増やす操作を3回行い，104列（CZ）まで増やしておきます。1行目に何回目の操作なのかを表す数値を入力，B2に「=RANDBETWEEN(1,20)」を入力して，B101，さらにCW101までオートフィルで複写します（これで100人が購入するシミュレーションを100回行ったことになります）。

B2	▼	fx	=RANDBETWEEN(1,20)

	A	B	C	D	E	F	G
1	□	1	2	3	4	5	6
2		18	9	16	13	16	1
3		13	9	12	3	15	1
4		1	11	8	13	13	5
5		4	19	16	18	11	20

B102	▼	fx	=COUNTIF(B2:B101,17)

	A	B	C	D	E	F
97		13	4	2	11	14
98		3	16	5	10	4
99		12	8	16	19	13
100		4	11	6	17	14
101		3	1	6	12	7
102	500円で購入	4				
103	1000円で購入	19				
104	100円で購入	77				

B105	▼	fx	=B104-4*(B102+B103)

	A	B	C	D	E
100		3	15	7	18
101		15	19	16	13
102	500円で購入	3	8	5	1
103	1000円で購入	12	15	9	14
104	100円で購入	85	77	86	85
105	100円玉の増減値	25	-15	30	25
106	500円玉の増減値	-9	-7	-4	-13

注意 操作を行うたびに，乱数の値は変更されます。気になる場合は，B2:CV101を範囲選択してコピーし，B2をクリックして［特殊貼り付け］→［値のみ貼り付け］で固定できます。

B102セルには，「500円玉で購入した人の数」を数えるために「=COUNTIF(B2:B101,17)」を入力し，B103セルには，「1000円札で購入した人の数」を数えるために

    =COUNTIF(B2:B101,18)+COUNTIF(B2:B101,19)+COUNTIF(B2:B101,20)

を入力し，B104セルには，「100円玉で購入した人の数」を「=100-B102-B103」と入力して算出します。

そして，100円玉の枚数の増減値は「=B104-4*(B102+B103)」，500円玉の枚数の増減値は「=B103-B102」で算出します。

B102〜B106を範囲選択してCV列までオートフィルで複写することで，100回のシミュレーションの結果が得られます。

「100円玉の増減値」の度数分布を10刻みの階級で設け，その上限値をA列に，B110セルに「=FREQUENCY(B105:CV105,A110:A130)」で求めます。「500円玉の増減値」も同様にして求めて，縦棒グラフでグラフ化します。

B110	▼	fx	=FREQUENCY(B105:CV105,A110:A130)				
	A	B	C	D	E	F	G	H
105	100円玉の増減値	15	15	10	-35	5	-15	
106	500円玉の増減値	-13	-3	-12	-11	-9	-19	-1
107								
108	100円玉の増減				500円玉の増減			
109	階級上限値	度数			上限	度数		
110	-60	2			-22	2		
111	-50	1			-20	1		
112	-40	2			-18	4		
113	-30	7			-16	4		
114	-20	8			-14	12		
115	-10	13			-12	14		
116	0	21			-10	13		
117	10	15			-8	13		
118	20	13			-6	11		
119	30	9			-4	10		
120	40	5			-2	11		
121	50	3			0	3		
122	60	0			2	1		
123	70	0			4	0		
124	80	0			6	0		

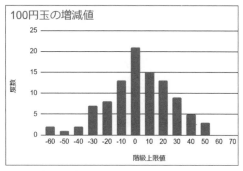

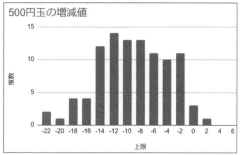

すると，100円玉は，±0が平均，標準偏差は約20と推察できます（（平均）±（標準偏差）の範囲に約7割のデータが入ることから推察します）。500円玉は，-10を平均，標準偏差は約5と推察できます。

特に100円玉は，-60になることもあれば+50になることもあるので，かなりばらつきが発生していることにも注目しましょう。

このように，シミュレーションを行うことで，確率は低いものの60枚（以上）足りなくなることもあるということを事前に把握することができます。

100円玉の増減値の平均値と標準偏差の計算法（数学Bの確率統計の内容・やや難）

100人のうち k 人目の人が買うときの100円玉の増減値を確率変数 X_k で定めます。このとき，100人の増減値は $X = X_1 + X_2 + \cdots + X_{100}$ となります。

ここで，$X_1 \sim X_{100}$ は独立とみなせるので，X の平均値（期待値）$E(X)$ も分散 $V(X)$ も

$$E(X) = E(X_1) + E(X_2) + \cdots + E(X_{100}), \quad V(X) = V(X_1) + V(X_2) + \cdots + V(X_{100})$$

で求めることができます。よって，$E(X_k)$ と $V(X_k)$ を求めればよいことになります。

確率変数 X_k の確率分布は次のようになります。

X_k	−4	1
$P(X_k)$	0.2	0.8

したがって

$$E(X_k) = (-4) \times 0.2 + 1 \times 0.8 = 0,$$
$$V(X_k) = (-4 - 0)2 \times 0.2 + (1 - 0)2 \times 0.8 = 4$$

で，$E(X) = 0$，$V(X) = 400$。よって，増減値 X の標準偏差は20であることがわかります。（500円玉については平均値が−10，標準偏差は $\sqrt{19} \fallingdotseq 4.36$ であることが同様にしてわかります。以上8.5節参照）

7.6 購買のシミュレーション2（待ち行列）

15席ある人気ラーメン店の待ち状況についてシミュレーションをします。このお店では開店前から行列ができていて，着席してから食べ終えて退店するまで20分かかるものとします。開店後4分ごとに，並んでいる客を確認して満席になるまでお店の中に入れていきます。

まず，開店前に10人並んでいて，行列に並ぶ客は4分ごとに2〜4人増えていくものとしてシミュレーションをします。

下の図のような表を作って，シミュレーションをします。

	A	B	C	D	E	F	G	H	I
H3			fx	=RANDBETWEEN(2,4)					
1	時刻	滞在16～20	滞在12~16	滞在8~12	滞在4~8	滞在0~4	待ち人数	来店する人数	店内の人数
2	開店前	0	0	0	0	0	10		
3	0							2	
4	4							2	
5	8							4	
6	12							4	
7	16							2	
8	20							3	
9	24							2	

　例えば，「滞在 16 ～ 20」の B 列の各セルには，入店後 16 ～ 20 分経過した客の人数を入力します。開店前は店内に誰もいないので 0，待ち人数を 10 と入力します。

　H 列には「=RANDBETWEEN(2,4)」で 2 ～ 4 の整数値で乱数を出力します。「滞在 16 ～ 20」～「滞在 4 ～ 8」は，いずれも一つ上の行の前の 4 分間の値を入力（つまり右上のセルの値を参照）するので，B3 ～ E3 は順に「=C2」「=D2」「=E2」「=F2」とします。

　F 列のセルは，店内の人数が最大 15 になるように，待っている人のうち入店できた人の数を入力します。すでに待っている人とちょうど来店して行列に並ぶ人数の和から，店内の人数が 15 人になるように店内に入れ，もし待っている人全員を店に入れられるのであれば，G 列のセルは 0 にします。

　したがって，F3 セルには

```
=IF(15-SUM(B3:E3)<=G2+H3,15-SUM(B3:E3),G2+H3)
```

G3 セルには

```
=IF(G2+H3>F3,G2+H3-F3,0)
```

をそれぞれ入力し，I3 セルには「=SUM(B3:F3)」を入力します。

　あとは，B3 ～ I3 を範囲選択して，一気にオートフィルで複写してかまいません。

	A	B	C	D	E	F	G	H	I
F3			fx	=IF(15-SUM(B3:E3)<G2+H3,15-SUM(B3:E3),G2+H3)					
1	時刻	滞在16～20	滞在12~16	滞在8~12	滞在4~8	滞在0~4	待ち人数	来店する人数	店内の人数
2	開店前	0	0	0	0	0	10		
3	0	0	0	0	0	12	0	2	12
4	4	0	0	0	12	2	0	2	14
5	8	0	0	12	2	1	2	3	15
6	12	0	12	2	1	0	4	2	15
7	16	12	2	1	0	0	6	2	15
8	20	2	1	0	0	8	0	2	11
9	24	1	0	0	8	4	0	4	15
10	28	0	0	8	4	3	0	3	15
11	32	0	8	4	3	0	3	3	15
12	36	8	4	3	0	0	7	4	15
13	40	4	3	0	0	8	3	4	15
14	44	3	0	0	8	4	2	3	15
15	48	0	0	8	4	3	3	4	15

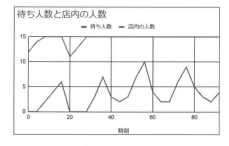

待ち人数と店内の人数

━ 待ち人数　━ 店内の人数

時刻

この場合，行列は基本的に解消されることはないことがわかります。

ここで数値を色々と変えてみましょう。次は乱数を2〜3で試してみます。

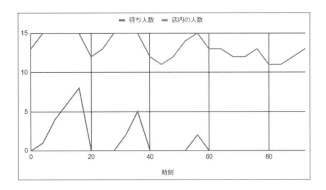

この場合は，ある時刻から行列が解消されることがわかります。

実は，乱数に4以上の値を含むか否かで，待ち行列が解消されるかどうかが大きく変わります。なぜそうなるのか，このシミュレーションの設定をよく観察して，考えてみてください（解説は省略します）。

7.7 感染症のシミュレーション

感染症が広まっていく様子についてシミュレーションします。

　　S：未感染者数　　I：感染者数　　R：回復者数

からなる感染症流行のモデルとして **SIR モデル**というものを考えます。それぞれ時刻tの関数とみて，一定の時間間隔 $\overset{\text{デルタ}}{\Delta t}$で次のように変化するものとします。

まず，未感染者数は，時刻tにおける感染者数と未感染者数の積に比例して減るものとします。

比例定数を感染率 βとして，

$$S(t + \Delta t) - S(t) = -\beta I(t)S(t)\Delta t \quad \cdots ①$$

という関係があるとします（$dS/dt = -\beta S(t)I(t)$ に由来。8.7 節参照）。

また，感染者数に比例して回復者数が増えるものとします。比例定数を回復率 γとして，

$$R(t + \Delta t) - R(t) = \gamma I(t)\Delta t \quad \cdots ②$$

感染者数は①，②の増減を反映して，

$$I(t + \Delta t) - I(t) = \beta I(t)S(t)\Delta t - \gamma I(t)\Delta t \quad \cdots ③$$

が成り立つとします。

$t = 0$ で，$S(0) = 14999$，$I(0) = 1$，$R(0) = 0$，$\beta = 0.0002$，$\gamma = 0.1$，$\Delta t = 0.01$

としてシミュレーションを実行します（$t = 0 \sim 60$ とします）。

A，B列に定数の情報を入力しておきます。3行目には初期値を入力します。

	D4	▼	f_x	=D3-$B$3*D3*E3*$B$6			
	A	B	C	D	E	F	G
1							
2			時間	未感染者数S	感染者数I	回復者数R	合計
3	感染率β	0.0002	0	14999	1	0	15000
4	回復率γ	0.1	0.01	14998.97	1.028998	0.001	15000
5			0.02	14998.93913	1.058836822	0.002028998	15000
6	⊿t	0.01	0.03	14998.90737	1.089540844	0.0030878348:	15000
7			0.04	14998.87469	1.121135147	0.0041773756¢	15000

①より，D4 セルには

=D3-$B$3*D3*E3*$B$6

と入力します（E4 〜 G4 はまず各自で考えてください。解答は下記参照）。

D4 〜 G4 を範囲選択して，6003 行目までオートフィルをかけます。すると下図のような表が得られます。感染は突然爆発的に増加し，ゆっくりと収束していくことが読み取れます。
（残念ながら①〜③から S，I，R の具体的な式を求める方法は知られてなく，このように近似計算により求めることになります。）

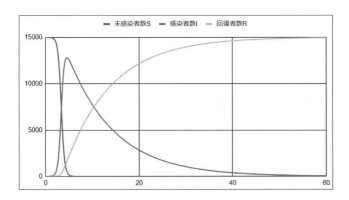

E4 セルには「= E3+($B$3*D3*E3-$B$4*E3)*$B$6」，F4 セルには「= F3 + $B$4*E3*$B$6」，G4 セルには「= SUM(D4:F4)」と入力します。

ここでは，地域に関する統計情報を地図上で可視化する手段の一つとして，「地図で見る統計（jSTAT MAP）」について簡単に紹介します。

「地図で見る統計（jSTAT MAP）」は，誰でも使える地理情報システムとして独立行政法人統計センターによって運用管理されていて，政府統計の総合窓口「e-Stat」のサイトから入ることができます。

例として，5.3 節で扱った東京 23 区と 26 市のデータのうち，人口密度を下図のように可視化する方法について説明します。（なお，jSTAT MAP についてもシステムの更新が行われることがあるので，本節での表記・手法と異なる点があります。サイト内にあるマニュアルでご確認下さい。）

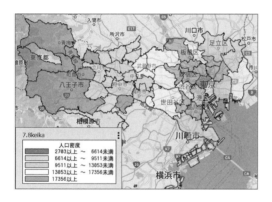

まず，［統計地図作成］→［統計グラフ作成］で，用意されている国勢調査（2020 年）から東京都の市区町村単位での人口総数のデータを抽出して表示してみます。

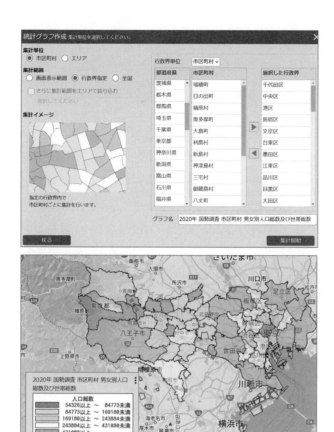

データパネルを開くと，下図のような「標準地域コード」という各自治体に割り当てられたコードを参照することが，さらにはパネルの該当グラフデータのプロパティから「エクスポート」により，csvファイルとしてダウンロードすることができます。手持ちのデータをjSTAT MAPに読み組む際には，このコード情報を活用することになります。この地域コードは，市区町村よりも細分化された「丁目・字等」単位のものや，1km四方のメッシュデータにもそれぞれ用意があるので，同様の手順で入手します。

標準地域コード	住所名	人口総数
	合計	13967657
13101	東京都千代田区	66680
13102	東京都中央区	169179
13103	東京都港区	260486
13104	東京都新宿区	349385

（表の見出し：2020年 国勢調査 市区）

次に「地域コード」が記されたcsvファイルを，Googleのマイドライブなどで Googleスプレッドシートとして開き，5.3節で用意しておいたデータと結合（特に地域コードと人口密度を対応）させていきます。

csvファイルから作成したスプレッドシートで，「地域コード」「地域名（区・市）」のデータをA, B列に配置し，5.3節のデータから「地域名」「人口総数」「可住地面積」のデータをコピー

します。G 列に「人口密度」を計算しておきます。

	A	B	C	D	E	F	G
1	コード	地域名			人口総数	可住地面積(0.01km2)	人口密度
2	13101	東京都千代田区		千代田区	66680	1166	5719
3	13102	東京都中央区		中央区	169179	1021	16570
4	13103	東京都港区		港区	260486	2037	12788
5	13104	東京都新宿区		新宿区	349385	1822	19176
6	13105	東京都文京区		文京区	240069	1129	21264
7	13106	東京都台東区		台東区	211444	1011	20914
8	13107	東京都墨田区		墨田区	272085	1377	19759

　ここで，結合の継ぎ目になる B，D 列の表記が異なっているので，統一することにします。

　例えば，H2 セルに「=" 東京都 "&D2」を入力してオートフィルで複写し，それを D 列に特殊貼り付けで上書きします。これで D 列が「東京都○○区 / 市」という表記に修正できます。

　あとは，C 列に VLOOKUP 関数で D-G 列のデータから人口密度のデータを参照します。C2 セルに「=VLOOKUP(B2,D2:G50,4,FALSE)」と入力し，オートフィルで複写します。これで地域コードと地域名・人口密度を紐づけることができました。

C2:C50	▼	ƒx	=VLOOKUP(B2,D2:G50,4,FALSE)				
	A	B	C	D	E	F	G
1	コード	地域名			人口総数	可住地面積(0.01km2)	人口密度
2	13101	東京都千代田区	5719	東京都千代田区	66680	1166	5719
3	13102	東京都中央区	16570	東京都中央区	169179	1021	16570
4	13103	東京都港区	12788	東京都港区	260486	2037	12788
5	13104	東京都新宿区	19176	東京都新宿区	349385	1822	19176

　jSTAT MAP に読み込む必要のある A ～ C 列のみ（必ず地域コードが最左列になるようにします），別のシートにコピーをして，［ファイル］→［ダウンロード］→［csv 形式］で csv ファイルとしてダウンロードします。ダウンロードしたファイル名は 7.8.csv に変更しておきます。

　再び jSTAT MAP に戻り，［ファイル］→［インポート］で csv ファイルを読み込みます。

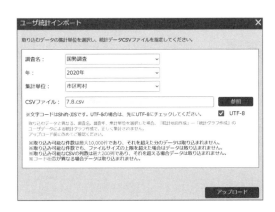

　そして，「統計グラフ作成」から今度はユーザーデータを選択，「7.8」を選択して，表示する区と市を選択すると，本節冒頭の人口密度の統計地図が表示できます。

他にも，住所がわかればその立地を可視化することも，同様の手法でできます。

下図は横浜市鶴見区の「丁目」ごとの人口分布と，小学校の立地を同時に示しています。このように，本節までの演習を通じて学んだことを活かして，「商店やサービスに関する立地状況」「緊急避難場所をはじめとする防災」について考える地域課題にも挑むことができます。

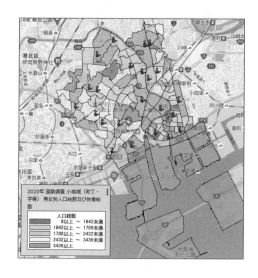

7.9 基本の確認問題1（データベースの整理）

あるクラスの試験の点数が入力された表計算シートについて，次の問いに答えよ。（目標8分）

表1はA組10人の学籍番号，出席番号と1学期の試験の成績（点数）が入力されたシートです。また，表2は2学期の試験の成績が入力されたシートです。ただし，1学期と2学期では，休学復学の生徒がいて3名が入れ替わったため出席番号が変わっていますが，学籍番号は変わっていません（つまり，2つの表で同じ学籍番号の生徒は同じ生徒を表します）。

表1：A組の1学期の試験の成績

	A	B	C	D
1	学籍番号	組	番号	1学期
2	7501	A	1	70
3	7503	A	2	85
4	7504	A	3	60
5	7507	A	4	90
6	7510	A	5	100
7	7511	A	6	95
8	7513	A	7	100
9	7520	A	8	75
10	7521	A	9	80
11	7522	A	10	95

表2：A組の2学期の試験の成績

	G	H	I	J
1	学籍番号	組	番号	2学期
2	7503	A	1	90
3	7507	A	2	95
4	7509	A	3	80
5	7510	A	4	100
6	7511	A	5	85
7	7512	A	6	70
8	7513	A	7	90
9	7516	A	8	75
10	7521	A	9	85
11	7522	A	10	90

　そこで，2表の間のE列に，1・2学期ともA組に在籍している生徒の2学期の成績を VLOOKUP 関数や INDEX 関数，MATCH 関数を用いて結合することにします。空欄にあてはまる数式・数値・語句をあとの選択肢からそれぞれ1つずつ選びなさい。ただし，同じ選択肢を複数回使う場合もあります。

（1）VLOOKUP 関数を用いて，G2〜J11 セルを参照して，A列の生徒の2学期の成績をE2〜E11 セルに取得するために，まず A2 の生徒の情報を得るために，E2 セルに次のように入力します。

　　=VLOOKUP(［　ア　］, ［　イ　］, ［　ウ　］, FALSE)

　あとは，E2 から E11 に向けてオートフィルで転写をすることで，A2〜A11 の各生徒の2学期の成績が出力できます。ただし，クラスが変わった生徒についてはエラーメッセージが表示されたままで構いません。

（2）（1）の操作の代わりに INDEX 関数と MATCH 関数を用いて，F列に出力することを考えます。まず A2 セルの番号が，G列の G2〜G11 の範囲の上から何番目にあるのかを MATCH 関数で探すには，次のように入力します。

　　=MATCH(［　エ　］, ［　オ　］, 0)

　これと INDEX 関数を組み合わせます。まず A2 の生徒の情報を得るために，E2 セルに次のように入力します。

$$=\text{INDEX(}\boxed{\ \text{カ}\ },\ \text{MATCH(}\boxed{\ \text{エ}\ },\ \boxed{\ \text{オ}\ },\ 0),\ \boxed{\ \text{キ}\ }\text{)}$$

あとは，E2 から E11 に向けてオートフィルで転写をすることで，A2 〜 A11 の各生徒の 2 学期の成績が出力できます。

数式・数値・語句の選択肢（選択肢 0 〜 4 は数値と同じです。）

0. 0	1. 1	2. 2	3. 3	4. 4	5. A2	6. A$2

　7. A2:A11　　　　8. A$2:A$11　　　9. A2:D11　　　10. A$2:D$11

　11. G2:G11　　　12. G$2:G$11　　　13. G2:J11　　　14. G$2:J$11

（解答は 7.10 の問題のあとに掲載します。）

7.10　基本の確認問題 2・社会統計分析 4（標準化）

　表 1 のような 2019 年度の各都道府県の総人口と外国人の宿泊者の延べ人数の関係について分析することにしました。（教育用標準データセット SSDSE-B-2022 より引用）（目標 12 分）

表 1　総人口と外国人宿泊者延べ数

都道府県	総人口	外国人宿泊者数
北海道	5259000	7975750
青森県	1253000	337620
岩手県	1226000	325450
宮城県	2312000	534250
秋田県	972000	119320
⋮	⋮	⋮

表 2　外国人宿泊者延べ数（降順）と相対度数

都道府県	外国人宿泊者数	相対度数
東京都	27958830	0.276
大阪府	15869040	0.157
京都府	8949140	$\boxed{\ \text{ア}\ }$
北海道	7975750	0.079
沖縄県	5423450	0.054
千葉県	4718120	0.047

　表 2 は，外国人宿泊者延べ数を降順（大きい値から小さい値へ）に並び替えた上位の都道府県の数値と，全体に対する割合を表す「相対度数」を求めたものである。2019 年度の外国人宿泊者延べ人数の総数は，**約 1 億 100 万人**であることがわかっています。（以下，「外国人宿泊者数」と略記）

　また，表 1 に基づいて 2 変量の散布図を図 1 のように作成したところ，容易に想像できるように，外国人宿泊者数は人口の多い大都市圏に集中していて，それ以外の県については図 1 の左下部のように関係性が把握しづらい状況になっています。

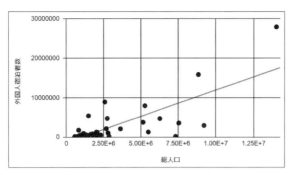

図1　2変量の散布図（横軸の E+n は 10^n 倍を表す。）

　そこで，2変量の尺度の違いをなくすために，「標準化」という手続きにより，データのばらつき具合を明確にすることにします。「変量 x の標準化」とは，各データ $x_i\,(i=1,2,\ldots,n)$ を，それらの平均値を $\overline{x}$，標準偏差を s_x で表すとき，

$$X_i = \frac{x_i - \overline{x}}{s_x}$$

で表される値 X_i に変換することを意味します（この値を 10 倍して 50 足した値が偏差値です）。

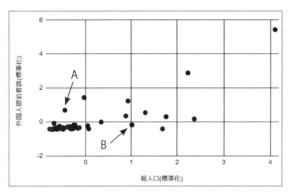

図2　標準化した総人口と外国人宿泊者数の関係を示した散布図

　この標準化の手続きを，各都道府県の総人口と外国人宿泊者数に対して施したところ，図2のような散布図が得られます。この手続きによっても，**2変量の相関係数は図1とは変わらず**，0.77 と強い相関関係があることがわかりますが，もちろんこれは大都市圏を中心とする「外れ値」の影響が大きく出ているものと考えられ，すこし精査する余地があります。

（1）表2の空欄　　ア　　にあてはまる値を四捨五入して小数第3位まで答えよ。

(2) 表3は図2の2変量のデータ値のいずれかが正の値となった都道府県の元データです。

表3　標準化値の一方が正の都道府県

都道府県	総人口	外国人宿泊者数
北海道	5259000	7975750
茨城県	2879000	204110
埼玉県	7342000	190840
千葉県	6283000	4718120
東京都	14007000	27958830
神奈川県	9224000	2956530
静岡県	3653000	2113160
愛知県	7557000	3577060
京都府	2592000	8949140
大阪府	8842000	15869040
兵庫県	5488000	1301160
広島県	2813000	1072690
福岡県	5134000	3787880
沖縄県	1462000	5423450

また，総人口と外国人宿泊者数の平均値と標準偏差が表4で与えられています。

表4　平均値と外国人宿泊者数の統計量

	総人口	外国人宿泊者数
平均値	2692659	2155456
標準偏差	2761195	4762181

これらを利用して，図2中のAとBに該当する都道府県名をそれぞれ答えよ。

(3) 図2は，表1のデータが入力された図3の表計算シートを利用して算出したものである。

	A	B	C	D	E
1	都道府県	総人口	外国人宿泊者数	総人口 (標準化)	外国人宿泊者数 (標準化)
2	北海道	5259000	7975750	0.9294308936	1.222190713
3	青森県	1253000	337620	−0.5213899417	−0.3817235406
4	岩手県	1226000	325450	−0.5311683147	−0.3842790924

図3: 標準化の計算を行うための表計算シート（4行目まで）

D2 セルにまず数式を入力し，D2 から D48 セルまでオートフィルで複写を行うとき，D2 セルに入力すべき式として正しいものを，次の 1 〜 7 の中から 1 つ選びなさい。

1. =(B2-AVERAGE(B2:B48))/STDEV.P(B2:B48)

2. =(B$2-AVERAGE(B$2:B$48))/STDEV.P(B$2:B$48)

3. =(B2-AVERAGE(B$2:B$48))/STDEV.P(B$2:B$48)

4. =(B$2-AVERAGE(B2:B48))/STDEV.P(B2:B48)

5. =($B2-AVERAGE($B2:$B48))/STDEV.P($B2:$B48)

6. =(B2-AVERAGE($B2:$B48))/STDEV.P($B2:$B48)

7. =($B2-AVERAGE(B2:B48))/STDEV.P(B2:B48)

(4) 図 2 と表 4 を利用して，次の命題の真偽を判定し，その根拠も答えよ。

「外国人宿泊者数のデータを標準化した値はすべて −1 より大きい。」

(5) 図 1 と図 2 の 2 変量では，標準化によって相関係数が変わることはありません。この理由を説明した次の文の空欄 　イ　 〜 　エ　 にあてはまる数式をあとの解答群からそれぞれ選びなさい。

まず各データ x_i と y_i からそれぞれの平均値 $\overline{x}$ と $\overline{y}$ を引いても，共分散や標準偏差の値は変わることはありません。さらにこれらの値を 2 変量の標準偏差 s_x，s_y で割ると，変量 $X = (x - \overline{x})/s_x$ の標準偏差は変量 x の 　イ　 倍，変量 $Y = (y - \overline{y})/s_y$ の標準偏差は変量 y の 　ウ　 倍，2 変量 X，Y の共分散は 2 変量 x，y の 　エ　 倍になりますが，相関係数は共分散を 2 つの標準偏差の積で割った値であることから，結果として相関係数は変わらないことがわかります。

　イ　 〜 　エ　 の解答群

1. s_x 　2. s_y 　3. s_x^2 　4. s_y^2 　5. 1 　6. $s_x s_y$ 　7. $1/s_x$ 　8. $1/s_y$ 　9. $1/(s_x s_y)$

(6) 右図 4 は，47 都道府県のうち，外国人宿泊者数の標準化値が負の値になった都道府県について，2 変量の散布図を表したものです。このときの相関係数は 　オ　 となっていますが，図の C 県と D 県の 2 県のデータを除くと，相関係数は 　カ　 になりました。

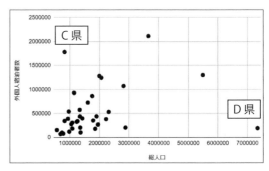

図 4

空欄 オ と カ にあてはまる数値の組み合わせとして最も適当なものを，次の中から１つ選びなさい。

1. −0.41, 0.45　　2. 0.28, 0.63　　3. 0.54, 0.85　　4. −0.62, 0.43

7.9 基本の確認問題 1 の解答

ア：5，イ：14，ウ：4，エ：5，オ：12，カ：14，キ：4

7.10 基本の確認問題 2 の解答

(1) 0.089，(2) A：沖縄県，B：兵庫県，(3) 3，(4) 真

外国人宿泊者数の平均値より標準偏差が大きいため，標準化値 ≧ 0 − 平均値 / 標準偏差 > − 1 が示される。

(5) イ：7，ウ：8，エ：9，(6) 2

　上記の確認問題はいずれも丁寧に考えていけば容易に解けるものですので，解説は省略します。データを用意しておきますので，分析の追体験を行ってみてください (**(5) については 8.6 節参照**)。

第 **8** 章

数学による
統計理論の補足

　最後に，基本を学ぶ段階では理解が困難であると思われる理論内容について，詳述しておきます。各節独立していますので，必要に応じて読み進めてください。

　まず，相関係数が-1 以上 1 以下であり，±1 のときデータは一直線上であることを示していきます。証明に必要なのは，次の不等式です。ここでは簡単のため 3 組のデータからなる 2 変量 (x_1, y_1)，(x_2, y_2)，(x_3, y_3) の場合について示します（n 組でも全く同様です）。

コーシー・シュワルツの不等式

　実数 a，b，c，p，q，r について，

$$(a^2 + b^2 + c^2)(p^2 + q^2 + r^2) \geqq (ap + bq + cr)^2$$

が成り立つ（等号は $a : b : c = p : q : r$ のとき成立）。

[証明 1]（n 組 2n 個の変数でも使える証明）

　唐突ではありますが，任意の実数 t について，

$$(at - p)^2 + (bt - q)^2 + (ct - r)^2 \geqq 0$$

が成立します。これを展開すると，t に関する 2 次不等式について，

$$(a^2 + b^2 + c^2)t^2 - 2(ap + bq + cr)t + (p^2 + q^2 + r^2) \geqq 0$$

が t の値にかかわりなく成り立ちます。したがって，判別式 D を考えて，

$$\frac{D}{4} = (ap + bq + cr)^2 - (a^2 + b^2 + c^2)(p^2 + q^2 + r^2) \leqq 0$$

が成り立つことから示されます。また，等号が成立するとき，

$$at - p = bt - q = ct - r = 0 \quad \Longleftrightarrow \quad t = \frac{p}{a} = \frac{q}{b} = \frac{r}{c}$$

であることから比例式が成り立ちます。　　　　　　　　　　　　　　　　　　　　□

[証明 2]（ベクトルの内積と解釈）

　2 ベクトル (a, b, c)，(p, q, r) のなす角を θ とすると，

$$\cos\theta = \frac{\begin{pmatrix} a \\ b \\ c \end{pmatrix} \cdot \begin{pmatrix} p \\ q \\ r \end{pmatrix}}{\left| \begin{pmatrix} a \\ b \\ c \end{pmatrix} \right| \left| \begin{pmatrix} p \\ q \\ r \end{pmatrix} \right|} = \frac{ap + bq + cr}{\sqrt{a^2 + b^2 + c^2}\sqrt{p^2 + q^2 + r^2}}$$

が成り立ち，$\cos\theta$ の絶対値が 1 以下であることからわかります。さらに，等号成立条件は $\theta = 0, \pi$ のとき，つまり 2 ベクトルが平行になるときであることから，比例式が成立します。　　　　　　　　　　　　　　　　　　　　　　　　　　　　　　　　□

相関係数が − 1 以上 1 以下であることの証明

　2 変量のデータの組 (x_1, y_1)，(x_2, y_2)，(x_3, y_3) について，それぞれの平均値を $\overline{x}$，$\overline{y}$ とすると，

$$a = x_1 - \overline{x}, \quad b = x_2 - \overline{x}, \quad c = x_3 - \overline{x}$$
$$p = y_1 - \overline{y}, \quad q = y_2 - \overline{y}, \quad r = y_3 - \overline{y}$$

として，コーシー・シュワルツの不等式を適用すると，

$$\{(x_1 - \overline{x})^2 + (x_2 - \overline{x})^2 + (x_3 - \overline{x})^2\}\{(y_1 - \overline{y})^2 + (y_2 - \overline{y})^2 + (y_3 - \overline{y})^2\}$$
$$\geqq \{(x_1 - \overline{x})(y_1 - \overline{y}) + (x_2 - \overline{x})(y_2 - \overline{y}) + (x_3 - \overline{x})(y_3 - \overline{y})\}^2$$

が成り立ち，変形すると，

$$-1 \leqq \frac{\frac{1}{3}\{(x_1 - \overline{x})(y_1 - \overline{y}) + (x_2 - \overline{x})(y_2 - \overline{y}) + (x_3 - \overline{x})(y_3 - \overline{y})\}}{\sqrt{\frac{(x_1 - \overline{x})^2 + (x_2 - \overline{x})^2 + (x_3 - \overline{x})^2}{3}}\sqrt{\frac{(y_1 - \overline{y})^2 + (y_2 - \overline{y})^2 + (y_3 - \overline{y})^2}{3}}} \leqq 1$$

であることから示せます（つまり**相関係数自体 $\cos\theta$ と同じ式**ということです）。等号が成立するとき，

$$\frac{x_1 - \overline{x}}{y_1 - \overline{y}} = \frac{x_2 - \overline{x}}{y_2 - \overline{y}} = \frac{x_3 - \overline{x}}{y_3 - \overline{y}}$$

が成り立ち，これは $(\overline{x}, \overline{y})$ から各データ点を結ぶ直線の傾きが等しいことを表すので，このとき，3 組のデータ点は一直線上に並ぶことがわかります。　　　　　　　　　　　□

　ただ，統計学ではこの証明よりも，相関係数が表す値がどのような意味を持つのかを実際に 4.5 節で行ったように，散布図を多数描いて観察して感覚をつかむことのほうが重要であることは言うまでもありません。

まず，1 から始まる以下の 4 つの等差数列それぞれに QUARTILE（QUARTILE.INC）関数を適用してみます。

	A	B	C	D	E
1	データ数	4n+1	4n+2	4n+3	4n+4
2		1	1	1	1
3		2	2	2	2
4		3	3	3	3
5		4	4	4	4
6		5	5	5	5
7		6	6	6	6
8		7	7	7	7
9		8	8	8	8
10		9	9	9	9
11			10	10	10
12				11	11
13					12
14	順位について	QUARTILE関数			
15	最大値	9	10	11	12
16	第3四分位数	7	7.75	8.5	9.25
17	中央値	5	5.5	6	6.5
18	第1四分位数	3	3.25	3.5	3.75
19	最小値	1	1	1	1

この場合，第 1 四分位数は，最小値と最大値の間の区間を 1:3 に内分する点，第 3 四分位数は，3:1 に内分する点になっています。

例えば，数列 [1, 2, …, 11] の場合，最大と最小の区間の幅は 10 で，これを 1:3 に内分すると，小さいほうから 2.5 の位置，つまり 3.5 が第 1 四分位数，大きいほうから 2.5 つまり 8.5 が第 3 四分位数となっています。同様に数列 [1, 2, …, 12] の場合，最大と最小の区間の幅は 11 で，これを 1:3 に内分すると，2.75 と 8.25 に分けられます。したがって 3.75 が第 1 四分位数，9.25 が第 3 四分位数となります（残り 2 つの数列も同じ規則に従っていることを確認してみてください）。

次に，等差でない数列として，フィボナッチ数列を取り上げて，QUARTILE 関数を適用します。

データ数	4n+1	4n+2	4n+3	4n+4
	1	1	1	1
	1	1	1	1
	2	2	2	2
	3	3	3	3
	5	5	5	5
	8	8	8	8
	13	13	13	13
	21	21	21	21
	34	34	34	34
		55	55	55
			89	89
				144
	QUARTILE関数			
最大値	34	55	89	144
第3四分位数	13	19	27.5	39.25
中央値	5	6.5	8	10.5
第1四分位数	2	2.25	2.5	2.75
最小値	1	1	1	1

まず，11 個の数列 [1, 1, …, 89] について，第 3 四分位数「27.5」は先ほどの数列の「8.5」と対応，つまり「8.5 位」という位置づけになっていて，フィボナッチ数列の 8 番目の値「21」と 9 番目「34」の値の平均値になっています。

同様に，第 1 四分位数「2.5」は先ほどの数列から「3.5 位」に対応。つまり，3 番目の値「2」と 4 番目の値「3」の平均値になっています。

次に，12 個の数列 [1, 1, …, 144] について，第 3 四分位数「39.25」は先ほどの数列の「9.25」と対応，つまり「9.25 位」という位置づけで，フィボナッチ数列の 9 番目の「34」と 10 番目の「55」を 1:3 に内分する値（つまり区間幅 21 を 1:3 = 5.25:15.75 に分けて）として「39.25」となります。同様に第 1 四分位数「2.75」は「3.75 位」という位置づけで，フィボナッチ数列の 3 番目の「2」と 4 番目の「3」を 3:1 に内分する値（つまり区間幅 1 を 3:1 = 0.75:0.25 に分けて）として「2.75」となります。他も同様ですので，確認してみましょう。

つまり，ややこしいですが，**最初に挙げた等差数列から「何位」相当なのかを求めて，実際の（等差でない）数列に適用**していくことになります。

もちろん，データ数が多くなると教科書と定義との差はなくなりますので，データ分析の際には定義による違いは気にしなくてよいでしょう。

本書のいたるところで「釣鐘状のグラフ」を「正規分布」と書いてきましたが，本来は，やや複雑な関数式として定義されます。数学Bの確率統計でも学びますが，あえて本書では省略します。代わりに，もう少しわかりやすい式に直すことで，グラフの形状について再現することができます。具体的にその式とは，

$$y = 2^{(-x^2)} = \frac{1}{2^{x^2}}$$

であり，このグラフを伸縮させることで「正規分布」のグラフが得られます。実際に描いてみましょう。

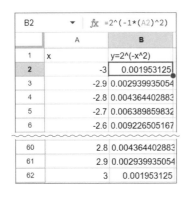
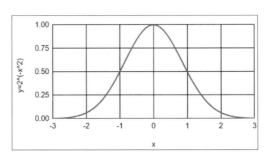

日常にあるデータの中で正規分布に従うものは必ずしも多くはないですが，6.3節で取り上げた，二項分布といわれる「サイコロを投げて1の目が出る回数」，7.3節で取り上げた「同年齢の男女別身長の分布」がその例になります。（後者は正規分布ではないとする専門家の意見もあります）。

いずれにしても，統計学の理論を考える上で最も基本的な分布の型にはなるので，実習を通じてイメージをつかんでおくことは大切になります。

（平均）±（標準偏差）に含まれるデータ数の研究

　正規分布では，（平均）±（標準偏差）に全データの約 68% が入ることが知られていますが，他の分布ではどうなのか，いくつかの場合について STDEV.P 関数で調べることにします。

　次の 3 つについて，いずれもデータ数は 240 で，1 〜 30 の整数値をとる度数分布を考えます。

　まず，右図のような一様分布の場合，標準偏差は 8.65。（平均）±（標準偏差）の範囲は 6.85 〜 24.15 なので，7 〜 24 のデータを数えると 144 個で全体の 60% です。

　次に，真ん中にくぼみができている分布の場合（本来は左右で 2 組に分けて考えるべき分布です），標準偏差は 10.5。（平均）±（標準偏差）の範囲は 5 〜 26 なので，5 〜 26 のデータを数えると 132 個で全体の 55% で，少し少なめの印象になります。

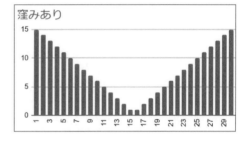

　一方，正規分布に近い山型の場合，標準偏差は 6.3。（平均）±（標準偏差）の範囲は 9.2 〜 21.8 なので，10 〜 21 のデータを数えると 150 個で全体の 62.5%。9 〜 22 のデータを数えると，168 個で 70% になります。値の範囲からしても後者のほうが近く，68% の実態に近いことがわかります。

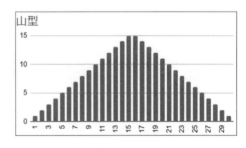

さらに左右非対称の山型について 2 つの場合を調べます。

　まず，上限値がピークになっている山型について，平均値は 20.3, 標準偏差は 7.18 です。（平均）±（標準偏差）に近い 13 ～ 27 のデータ数の割合を調べると 64.5% になります。

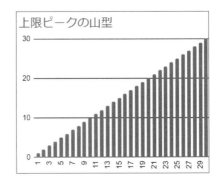

　さらに，右図のように少し偏りのある山型について，平均値は 16.7, 標準偏差は 6.22 です。（平均）±（標準偏差）に近い 10 ～ 23 のデータ数の割合を調べると 67.7% になります。

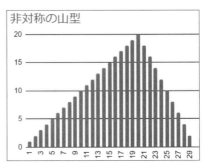

　以上の考察から，山型の正規分布に近いデータであれば，（平均）±（標準偏差）の範囲には全データの 70% 弱程度が含まれることが確認できます。一方，一様分布や窪みのある多峰性の分布では，最大・最小値付近の平均から離れたデータの影響が大きくなるため，正規分布ほどのデータ数は含まれないことになります。とはいえ，先ほど見た極端な多峰性が認められない限りは，**（平均）±（標準偏差）の範囲に 6 割～ 7 割は含まれる**という認識でいて構わないことが結論付けられます。

（参考）度数分布の標準偏差の計算について

　4 つ目の上限値ピークのデータの場合で説明します（7.3 節の復習です）。
　先に度数分布表を作成します（データ値 n の度数は n（n =1 ～ 30））。
　まず，このデータの平均値を求めるために，A, B 列の各行の値の積の総和を SUMPRODUCT 関数で求め，データの総数で割ります。したがって B32 セルには，

```
=SUMPRODUCT(A2:A31,B2:B31)/SUM(B2:B31)
```

と入力して，全データの平均値が出力されます。
　次に，C 列に各データの偏差平方を入力します。

B32	▼	fx	=SUMPRODUCT(A2:A31,B2:B31)/SUM($B$2:$B$31)	

	A	B	C	D	E
1	度数分布表	度数	偏差平方		
2	1	1	373.7777778		
3	2	2	336.1111111		
4	3	3	300.4444444		
31	30	30	93.44444444		
32	平均値	20.333	51.55555556		
33	標準偏差	7.1802			
34	13～27	0.6451			

C2 セルに，

=(A2-B$32)^2

を入れ，C31 までオートフィルで複写します。

　C32 セルに，偏差平方の平均値である分散を出力します。この値は，B，C 列の各行の値の積の平均値で，先ほど B32 で入力した式を 1 列ずらせばよいことがわかります。したがって，B32 セルの分母に $ だけつけて，そのまま C32 にオートフィルで転写します。

　B33 セルに，平方根「=SQRT(C32)」で標準偏差が出力できます。

　あとは，（平均）±（標準偏差）の範囲にあるデータ数の割合について調べれば終了です。

　このコードを用いれば，度数を変えるだけでさまざまな分布の標準偏差の計算ができるようになるので，あとは各自で色々と試してみてください。

8.5　確率分布の統計量・二項分布の理論

確率変数と確率分布

　ある試行を行った結果，事象として得られる数値を変数として扱ったものを**確率変数**といい，その確率変数 X が取りうる数値 x_k について，その値が得られる確率 $p(x_k)$ と組にしたものを**確率分布**という。

　例えば，サイコロを投げて出た目の 100 倍のポイントがもらえるとき，そのポイント（利益のようなもの，値としては 100，200，300，…，600）が確率変数，各値とそれぞれ起こる確率（1/6）と組にしたものを確率分布といいます。

期待値と分散

確率変数 X の確率分布 $(x_k, P(x_k))$ $(k = 1, 2, \ldots, n)$ について，その平均値

$$\sum_{k=1}^{n} x_k P(x_k) = x_1 P(x_1) + x_2 P(x_2) + \cdots + x_n P(x_n)$$

を**期待値（平均値）**といい，$E(x)$ で表します。また，期待値との偏差の平方（偏差平方）の平均値

$$\sum_{k=1}^{n} (x_k - E(X))^2 P(x_k) = (x_1 - E(X))^2 P(x_1) + (x_2 - E(X))^2 P(x_2) + \cdots + (x_n - E(X))^2 P(x_n)$$

を**分散**といい，$V(X)$ で表します。さらにこの正の平方根を**標準偏差**といい，$\sigma(X)$ で表します。

例1（サイコロ）

1〜3 の目が出たら 100 ポイント，4，5 が出たら 200 ポイント，6 が出たら 300 ポイントとするとき，このポイントを確率変数 X と定めると，x の確率分布は次表のようになります。

X	$x_1 = 100$	$x_2 = 200$	$x_3 = 300$
$P(X)$	$\dfrac{1}{2}$	$\dfrac{1}{3}$	$\dfrac{1}{6}$

このとき，期待値（平均値）は

$$100 \times \frac{1}{2} + 200 \times \frac{1}{3} + 300 \times \frac{1}{6} = \frac{100 \times 3 + 200 \times 2 + 300 \times 1}{6} = \frac{500}{3}$$

で求められます。真ん中の式は 6 回投げてそれぞれ 3，2，1 回と出たとして，「合計ポイントを求めて回数で割る」平均値を求めていることに相当します。このことから**期待値は平均値**という理解が得られます。

分散は，

$$\left(100 - \frac{500}{3}\right)^2 \times \frac{1}{2} + \left(200 - \frac{500}{3}\right)^2 \times \frac{1}{3} + \left(300 - \frac{500}{3}\right)^2 \times \frac{1}{6}$$

$$= \frac{40000 \times 3 + 10000 \times 2 + 160000}{9 \times 6} = \frac{5000}{9}$$

（これも 6 で通分すれば，統計量の分散の定義と同じであることがわかります。）標準偏差は $(50/3)\sqrt{2}$。

例 2（身長……7.3 の簡略版）

あるグループの身長に関するデータを調べたところ，次表の 4 つの階級のいずれかに該当し，それぞれ右列の割合（**相対度数**）で分布していることがわかりました。各階級に所属する人の身長を，各階級の中央値（つまり 162.5 cm，167.5 cm……）で近似する（**階級値**という）ことにします。

160 cm 以上 165 cm 未満	20%
165 cm 以上 170 cm 未満	30%
170 cm 以上 175 cm 未満	40%
175 cm 以上 180 cm 未満	10%

このとき，身長の平均値は 170 cm を基準に考えて，

$$170 + (-7.5) \times 0.2 + (-2.5) \times 0.3 + 2.5 \times 0.4 + 7.5 \times 0.1 = 169.5$$

分散は，

$$(162.5 - 169.5)^2 \times 0.2 + (167.5 - 169.2)^2 \times 0.3$$
$$+ (172.5 - 169.5)^2 \times 0.4 + (177.5 - 169.5)^2 \times 0.1 = 21$$

したがって標準偏差は約 4.5 cm と計算できます。

（重要なアドバイス）以下示していく公式の証明はすべて再現できることが望ましい！

以下，確率統計の理論に欠かせない公式を提示し，証明していきますが，理論をしっかりと理解する上では，これらの公式が使えるだけでは不十分で，証明がスラスラ書けるようにならない限り，完全な理解には及ばなくなります。残念ながら本書では取り扱いませんが，推定や検定の理論は，これらの公式の深い理解が欠かせません。（そもそも高校数学の深い理解には，公式や定理をすべて再現できることが必須であると著者は考えています。）

分散と期待値の関係式（公式 1）

$$V(X) = E(X^2) - E(X)^2$$

（証明）分散の定義式から，

$$V(X) = \sum_{k=1}^{n} (x_k - E(X))^2 P(x_k) = \sum_{k=1}^{n} \{x_k{}^2 - 2E(X)x_k + E(X)^2\} P(x_k)$$

$$= \sum_{k=1}^{n} x_k{}^2 P(x_k) + 2E(X) \sum_{k=1}^{n} x_k P(x_k) + E(X)^2 \sum_{k=1}^{n} P(x_k)$$

$$= E(X^2) - 2E(X) \times E(X) + E(X)^2 \times 1 = E(X^2) - E(X)^2 \qquad \square$$

期待値と分散の偏倍変換（公式2）

a，b を実数とするとき，

$$E(aX + b) = aE(X) + b$$

（式の解説）意味を考えれば成立するのは当然。まず，期待値は平均値と考えると，各変数の値を a 倍して b 加えると平均値も a 倍して b 加えることになるのでわかります。

2変数の同時確率分布

2つの確率変数 X，Y について，それらがとりうる値の組 (x_k, y_l) について，それが起こる確率 $P(X = x_k, Y = y_l)$ が定まっているとき，値の組 (x_k, y_l) と確率 $P(X = x_k, Y = y_l)$ を X，Y の**同時確率分布**といいます。

例3（コイン投げ）

表と裏が等確率で出る100円玉と10円玉があり，それぞれ投げて表が出たときは，その金額の値のポイントがもらえるものとし，裏が出たときは0ポイントとします。このとき，100円玉と10円玉でもらえるポイントをそれぞれ確率変数 X，Y とするとき，確率分布は次表のようになります。

		Y	
		10	0
X	100	$\frac{1}{4}$	$\frac{1}{4}$
	0	$\frac{1}{4}$	$\frac{1}{4}$

このとき $E(X+Y)$ は，もらえるポイントの合計値の平均値を表し，

$$E(X+Y) = (100+10) \times \frac{1}{4} + (100+0) \times \frac{1}{4} + (0+10) \times \frac{1}{4} + (0+0) \times \frac{1}{4} = 55$$

となります。分散も同様，以下のようになります。

$$V(X+Y) = \{(110-55)^2 + (100-55)^2 + (10-55)^2 + (0-55)^2\} \times \frac{1}{4} = 2525$$

---

2 つの確率変数の和と積の公式（公式 3 〜 5）

確率変数 X，Y について，これらの試行が独立のとき（一番上のみ，この仮定は不要），以下が成立。

(3) $E(X+Y) = E(X) + E(Y)$

(4) $E(XY) = E(X)E(Y)$

(5) $V(X+Y) = V(X) + V(Y)$

（証明）以下簡単のため，X，Y の取りうる値はそれぞれ表の 2 つのみとし，それぞれの確率を p_k，q_l $(k=1,2, \ l=1,2)$ とします。

		Y	
		y_1	y_2
X	x_1	$p_1 q_1$	$p_1 q_2$
	x_2	$p_2 q_1$	$p_2 q_2$

ここで X，Y の試行が独立であることから，$P(X=x_k, Y=y_l) = p_k q_l$ となります。

（(4) の証明）（(3) はほぼ同様。p，q の和が 1 であることを利用）

$$\begin{aligned}
E(XY) &= x_1 y_1 p_1 q_1 + x_1 y_2 p_1 q_2 + x_2 y_1 p_2 q_1 + x_2 y_2 p_2 q_2 \\
&= (x_1 p_1 + x_2 p_2)(y_1 q_1 + y_2 q_2) = E(X)E(Y)
\end{aligned}$$
□

（(5) の証明）

$$\begin{aligned}
V(X+Y) &= E((X+Y)^2) - (E(X+Y))^2 \quad ((1)) \\
&= E(X^2 + 2XY + Y^2) - (E(X) + E(Y))^2 \quad ((3)) \\
&= E(X^2) + 2E(XY) + E(Y^2) - (E(X)^2 + 2E(X)E(Y) + E(Y)^2) \quad ((2)(3)) \\
&= V(X) + V(Y) + 2E(XY) - 2E(X)E(Y) \quad ((1)) \\
&= V(X) + V(Y) \quad ((4))
\end{aligned}$$
□

　先ほどの例 3 については，$E(X + Y) = 55$ は，100 円，10 円それぞれの期待値が 50，5 であることから，$E(X + Y) = E(X) + E(Y)$ が成り立つのは感覚的にもわかることです。

　さらに分散について，

$$V(X) = \{(100 - 50)^2 + (0 - 50)^2\} \times \frac{1}{2} = 2500$$

$$V(Y) = \{(10 - 5)^2 + (0 - 5)^2\} \times \frac{1}{2} = 25$$

であることから，$V(X + Y) = V(X) + V(Y)$ であることが確認できます。

二項分布の期待値と分散（重要）

　n 回の試行を行うとき，k 回目にある事象 A が起きるとき，$X_k = 1$，起きないときを $X_k = 0$ で確率変数 $X_1, X_2, \ldots, X_n$ を定めます。このとき，事象 A が起こる回数は $X = X_1 + X_2 + \cdots + X_n$ で表すことができます。この合計回数 X が従う確率分布（起こった回数 X とその確率を組にしたもの）を**二項分布**といい，すべての k で $P(X_k = 1) = p$ であるとき，

$$E(X) = np,\ V(X) = np(1 - p),\ \sigma(X) = \sqrt{np(1 - p)}$$

が成り立ちます。

　二項分布の代表例は 6.3 節で扱っています。特に，例 1 のサイコロ投げを 100 回行って 1 の目が出る回数の期待値と標準偏差は，この式に従うと以下のように求められ，シミュレーション結果とも合致することが確認できます。さらには，正規分布といわれるもので近似が可能です。

$$E(X) = np = 100 \times \frac{1}{6} \fallingdotseq 16.6,\ \sigma(X) = \sqrt{np(1 - p)} = \sqrt{100 \times \frac{1}{6} \times \frac{5}{6}} = \frac{5}{3}\sqrt{5} \fallingdotseq 3.7$$

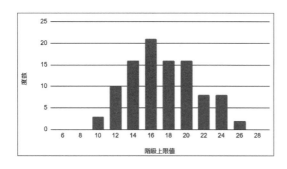

（期待値と分散の公式の証明）まず，確率変数 X_k の確率分布は次図。

X_k	0	1
$P(X_k)$	$1-p$	p

$$E(X_k) = 1 \times p + 0 \times (1-p) = p$$
$$V(X_k) = (1 - E(X_k))^2 \times p + (0 - E(X_k))^2 \times p$$
$$= (1-p)^2 p + p^2(1-p) = p(1-p)$$

公式 (3), (5) を用いて.

$$E(X) = E(X_1 + \cdots + X_n) = E(X_1) + \cdots + E(X_n) = np$$
$$V(X) = V(X_1 + \cdots + V_n) = V(X_1) + \cdots + V(X_n) = np(1-p)$$

から従います。 □

応用例は 7.6 節の自販機の硬貨枚数のシミュレーションです。こちらも併せて確認しておきましょう。以上，ここで**記述した内容はすべて何も見ずに再現できることが，理解には必須です**。

ここでは，単位変換でデータの値が 100 倍になったときや，標準化を行ったときに標準偏差や相関係数がどのように変化をするのかを具体的な数値の場合で見ていくことにします。

例題

2 変量 X，Y のデータの組が右表で与えられているとき，

X	10	20	30	40
Y	40	20	80	60

(1) X，Y の標準偏差 (X)，$\sigma(Y)$，共分散 $Cov(X,Y)$，相関係数 $R(X,Y)$ をそれぞれ求めよ。

(2) 変量 X に対して $X' = X + 10$ とするとき，X' の標準偏差 $\sigma(X')$ と $\sigma(X)$ の関係を答えよ。

(3) 変量 X に対して $Z = 3X$ とするとき，Z の標準偏差 $\sigma(Z)$ と $\sigma(X)$ の関係，X，Z の共分散，相関係数 $Cov(X,Z)$，$R(X,Z)$ と $Cov(X,Y)$，$R(X,Y)$ の関係をそれぞれ答えよ。

(4) 変量 Y に対して $W = -2Y$ とするとき，W の標準偏差 $\sigma(W)$ と $\sigma(Y)$ の関係，Z，W の共分散，相関係数 $Cov(Z,W)$，$R(Z,W)$ と $Cov(Z,Y)$，$R(Z,Y)$ の関係をそれぞれ答えよ。

例題の解答

(1) X の分散 $V(X)$ は，平均が 25 であるから，

$$\frac{1}{4}\{(10-25)^2 + (20-25)^2 + (30-25)^2 + (40-25)^2\} = 125$$

で，標準偏差 $\sigma(X) = 5\sqrt{5}$。

　Y の分散 $V(Y)$ は，Y のデータが X のデータを 2 倍したものを並び替えたものであることに注目すると，

$$\frac{1}{4}\{(20-50)^2 + (40-50)^2 + (60-50)^2 + (80-50)^2\}$$
$$= \frac{1}{4} \times 2^2\{(10-25)^2 + (20-25)^2 + (30-25)^2 + (40-25)^2\} = 500$$

で，分散 $V(Y) = 2^2 V(Y)$。標準偏差 $\sigma(Y) = 10\sqrt{5} = 2\sigma(X)$ になっていることがわかり

ます。

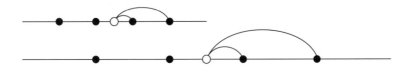

（データの値が 2 倍になると，データの間隔も 2 倍に，偏差平方は 2^2 倍になります。）

共分散は（「X,Y の平均値からの偏差の積」の平均）

$$
\begin{aligned}
Cov(X,Y) &= \frac{1}{4}\{(10-25)(40-50) + (20-25)(20-50) \\
&\quad + (30-25)(80-50) + (40-25)(60-50)\} \\
&= 150
\end{aligned}
$$

相関係数は，$R(X,Y) = Cov(X,Y)/(\sigma(X)\sigma(Y)) = 0.6$。

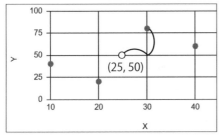

（共分散は「偏差の積」の平均値）

(2) 分散は平均値からの偏差に注目した概念で，全データを 10 増やすと平均も 10 増えるので，偏差は変わりません。したがって分散も標準偏差も変化はなく，$\sigma(X') = \sigma(X)$。つまり，**「データを平行移動しても，分散および標準偏差に変化はない」**ことがわかります。

(3) X のデータの値が 3 倍になると，偏差平方の平均である分散が 3^2 倍になり，その正の平方根をとったものなので，$\sqrt{3^2} = 3$ 倍になることがわかります。したがって，$\sigma(Z) = 3\sigma(X)$ となります。

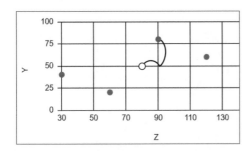

X の偏差が 3 倍になるので，偏差の積の平均である共分散も 3 倍になります。

$$Cov(Z, Y) = 3 Cov(X, Y)$$

以上より，相関係数は

$$R(Z, Y) = \frac{Cov(Z, Y)}{\sigma(Z)\sigma(Y)} = \frac{3 Cov(X, Y)}{3\sigma(X)\sigma(Y)} = R(X, Y)$$

(4) Y のデータが (-2) 倍になると，偏差平方の平均である分散が $(-2)^2$ 倍になり，その正の平方根をとったものなので, 2 倍になることがわかります。したがって $\sigma(W) = 2\sigma(Y)$ となります。

Y の偏差が (-2) 倍になるので，偏差の積の平均である共分散も (-2) 倍になります。

$$Cov(Z, W) = (-2) Cov(Z, Y)$$

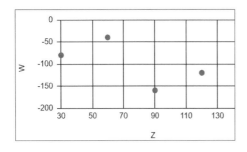

以上より，相関係数は

$$R(Z, W) = \frac{Cov(Z, W)}{\sigma(Z)\sigma(W)} = \frac{-2 Cov(Z, Y)}{2\sigma(Z)\sigma(Y)} = -R(Z, Y)$$

となります。散布図も Z，Y のものを上下反転させたものになっているため，正の相関関係から負の相関関係に変わっていますが，絶対値は変わりありません。

以上のことから，相関係数は，**単位変換のようにデータの数値を何倍する変換では絶対値に変化は生じない，つまり相関関係が崩れることはない**ことがわかります。（正負は変わることがあるので，注意しましょう。）

また，6.4 節で扱った標準化においても同様で，相関関係は崩れないことがわかります。

以上の議論を公式化すると次のようになります。（結果を覚えるのではなく，導き方を散布図のイメージとともに頭に入れましょう。）

（重要）変量の変換に伴う統計量の変化

2変量 X，Y に対して $Z = aX + b$ という変換を行うとき（ a，b は任意の実数），平均値 $E(X)$，$E(Z)$ については，

$$E(Z) = aE(X) + b$$

分散 $V(Z)$，$V(X)$ については（平均との間隔が a 倍になり，偏差平方が a^2 倍になる），

$$V(Z) = a^2 V(X)$$

標準偏差 $\sigma(Z)$，$\sigma(X)$ については，

$$\sigma(Z) = |a|\sigma(X) \qquad （絶対値に注意）$$

共分散 $Cov(X,Y)$，$Cov(Z,Y)$ については，（一方の偏差が a 倍になるので）

$$Cov(Z,Y) = aCov(X,Y)$$

相関係数 $R(X,Y)$，$R(Z,Y)$ については，

$$R(Z,Y) = \mathrm{sgn}(a)R(X,Y) \qquad （\mathrm{sgn}(a) は a の正負の符号の意味。絶対値は等しい$$
ことに注目）

がそれぞれ成り立ちます。

　なお，この話は 8.4 節で扱った確率分布の理論でも成立しますので，特に分散と標準偏差については確率分布の文脈でもよく使います。（特に，標本平均や推定・検定の理論において重要になります。）

例1（3次関数のグラフと微分の計算）

　3次関数 $y = x^3 - 3x$（$-2.5 \leqq x \leqq 2.5$）のグラフを，スプレッドシートの折れ線グラフを利用して描け。また，微分の定義に従って，$x = 2$ での微分係数を近似計算により求めよ。

（解説）1行目に x，y の文字を入力し，A2，A3 セルに -2.5，-2.4 を入力したあと，A2，A3 セルを範囲選択して，2.5 の値が出てくるまでオートフィルで複写します（オートフィルで等差数列の出力が可能）。

　B2 セルに「=A2^3-3*A2」と入力して，B列にオートフィルをかけると y 座標の値が出力されます。

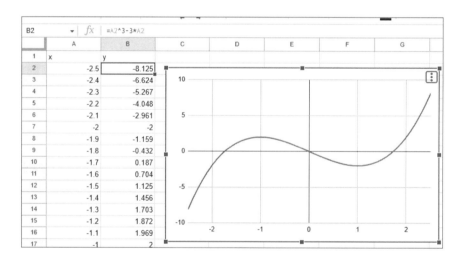

　あとは，A列とB列を範囲選択して，［挿入］→［グラフ］で，折れ線グラフを選択することで描けます。

微分と微分係数（定義は必ず書けるようにしましょう）

　関数 $y = f(x)$ において，$x = a$ から x の値が Δx だけ変化したとき，y の値の変化量 $\Delta y = f(a + \Delta x) - f(a)$ を Δx の1次式（比例式）で近似した式 $\Delta y \fallingdotseq f'(a)\Delta x$ の係数 $f'(a)$ を**微分係数**といい，Δx を限りなく0に近づけていったときの比 $\Delta y/\Delta x$ の収束値と

して定義します。つまり，

$$f'(a) = \lim_{\Delta x \to 0} \frac{\Delta y}{\Delta x} = \lim_{\Delta x \to 0} \frac{f(a + \Delta x) - f(a)}{\Delta x}$$

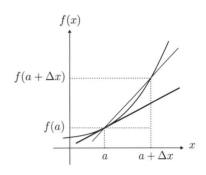

を $y = f(x)$ の $x = a$ における**微分係数**といいます。（$f'(a)$ の a を変数 x に置き換えた $f'(x)$ を**導関数**，導関数 $f'(x)$ を求めることを**「微分する」**といいます。）

　数学では公式を導いて $f'(x)$ を計算することから $f'(a)$ を求めますが，ここでは $\Delta y / \Delta x$ の値を，$\Delta x = 0.1, 0.01, 0.001$ の場合で計算することで $f'(a)$ の値を近似的に求めることにします。

　D2 セルに「Δx の値」，E2 セルにその値（仮に 0.1 とします）を入力します。

　D4 セルは「=2^3-3*2」（あるいは A 列から参照），E4 セルは「=(2+E2)^3-3*(2+E2)」，F4 セルは「=(E4-D4)/E2」とそれぞれ入力すると，F4 セルの出力値が微分係数の近似値となります。

E4	▼	_fx_	=(2+E2)^3-3*(2+E2)		
	A	B	C	D	E	F
1	x	y		f(2)の計算		
2	-2.5	-8.125		⊿xの値		0.1	
3	-2.4	-6.624		f(2)	f(2+⊿x)	⊿y/⊿x
4	-2.3	-5.267		2	2.961	9.61

　こうすることで，Δx の値（E2 セルの値）を 0.01, 0.001, –0.001 とかえることが容易になり，微分係数の値が 9.0601，9.006001，8.994001 と，「9」に近づくことが容易に観察できます。

　このことから $x = 2$ 付近では，$\Delta y \fallingdotseq 9\Delta x$ という式で $f(x)$ の近似計算を行うことが可能で，例えば，$f(2.01) \fallingdotseq f(2) + 9 \times 0.01 = 2.09$（実際は 2.090601）と計算することができます。（この近似計算の見方がシミュレーションでは重要で，特に 7.7 節ではこの考え方が用いられています。）

例 2 （正弦曲線と面積の近似計算）

$x = \sin\theta \, (0 \leqq \theta \leqq \pi)$ のグラフを描き，θ 軸と囲まれる部分の面積の近似値を求めよ。

（解説）θ 座標を（弧度法で）0.1 間隔で 0 から 3.1 までとり，$x = \sin\theta$ の値を算出します。

B4	▼	fx	=SIN(A4)	
	A	**B**	C	
1				
2	θ	x	θ～θ+⊿θの面積	
3	0	0	0	
4	0.1	0.09983341665	0.009983341665	
5	0.2	0.1986693308	0.01986693308	
6	0.3	0.2955202067	0.02955202067	
7	0.4	0.3894183423	0.03894183423	
8	0.5	0.4794255386	0.04794255386	
9	0.6	0.5646424734	0.05646424734	
10	0.7	0.6442176872	0.06442176872	

　各区間 $0.1k \leqq \theta \leqq 0.1(k+1)$（$k = 0, 1, \ldots, 30$）で，図のような縦 $\sin(0.1k)$，横 0.1 の長方形の面積を求め，和を取ります。

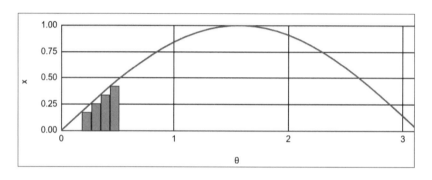

　すると $1.9995\cdots\cdots$ となり，ほぼ 2 となることがわかります。

C35	▼	fx	=SUM(C3:C34)
	B	**C**	
35		1.99954796	

　実際には数学 II と III で学ぶ「積分」という考え方で計算していきますが，ここで扱ったように十分幅の小さい長方形の面積の和として計算しても，かなり精度の良い値が得られます。何より「積分」を学んでいなくても，面積の近似値が導出できるということは記憶にとどめておいてください。

3.5 節で導入した回帰直線を最小 2 乗法により導いていきます。使うのは，標準偏差や共分散の定義と平方完成だけで済みます。

2 変量 X，Y のデータの組 (x_1, y_1)，(x_2, y_2)，$\cdots$，(x_n, y_n) について，X，Y の平均値をそれぞれ

$$\overline{X} = \frac{1}{n}\sum_{i=1}^{n} x_i, \ \overline{Y} = \frac{1}{n}\sum_{i=1}^{n} y_i$$

とします。このとき，回帰直線を $y = ax + b$ とおいて，残差の平方和

$$Q = \sum_{i=1}^{n} (y_i - ax_i - b)^2$$

が最小となるときの a，b の値を求めます。

まず，

$$Q = \sum_{i=1}^{n} \{(y_i - \overline{Y}) - a(x_i - \overline{X}) + (\overline{Y} - a\overline{X} - b)\}^2$$

と変形します。（平均値を足して引くという操作をしています。同じ値を足して引く変形は，高校数学ではよく用いられる手法です。）

ここで偏差を

$$u_i = x_i - \overline{X}, \ v_i = y_i - \overline{Y}, \ A = \overline{Y} - a\overline{X} - b$$

でそれぞれ置き換えると，

$$Q = \sum_{i=1}^{n} (v_i - au_i + A)^2$$
$$= \sum_{i=1}^{n} \{(v_i - au_i)^2 + 2A(v_i - au_i) + A^2\}$$

が成り立ちます。偏差は和をとると 0 であることから，$\sum_{i=1}^{n} u_i = \sum_{i=1}^{n} v_i = 0$ であるので，

$$\frac{Q}{n} = \frac{1}{n}\sum_{i=1}^{n} v_i{}^2 - \frac{2a}{n}\sum_{i=1}^{n} u_i v_i + \frac{a^2}{n}\sum_{i=1}^{n} u_i{}^2 + A^2$$

ここで，分散と共分散の定義式から，X，Y の標準偏差を s_x，s_y とし，X，Y の共分散を s_{xy} とすると，

$$\frac{Q}{n} = s_y{}^2 - 2a s_{xy} + a^2 s_x{}^2 + A^2 = s_x{}^2\left(a - \frac{s_{xy}}{s_x{}^2}\right)^2 + s_y{}^2 - \frac{s_{xy}{}^2}{s_x{}^2} + A^2$$

となります。この値が最小となるのは，

$$a = \frac{s_{xy}}{s_x{}^2} \text{ かつ } A = 0$$

したがって，

$$a = \frac{s_{xy}}{s_x{}^2},\ b = \overline{Y} - a\overline{X}$$

が導かれます。 □

参考文献

本書で用いる社会統計データについては，下記 2 サイトから入手しています。

[1]　独立行政法人統計センター，「SSDSE（教育用標準データセット）」
　　　https://www.nstac.go.jp/use/literacy/ssdse/　（最終閲覧日 2024 年 1 月 3 日）
[2]　独立行政法人統計センター，「政府統計の総合窓口 e-Stat」
　　　https://www.e-stat.go.jp/　（最終閲覧日 2024 年 1 月 3 日）

また，データ分析の授業準備段階では，下記大会の優秀論文の追体験を行うことから始めました。特に定期試験問題の作成に大いに役立っています。

[3]　独立行政法人統計センター，「統計データ分析コンペティション」
　　　https://www.nstac.go.jp/use/literacy/statcompe/　（最終閲覧日 2024 年 1 月 3 日）

さらに，購買データの分析については次の 2 冊を参照し，授業用教材を作成しています。（本書の購買データについては，この 2 冊のデータを参考に，公表されているデータなどから独自で作成しています。）

[4]　保本正芳（編），「はじめの第一歩　基礎からはじめるデータサイエンス」，noa 出版
[5]　日花弘子，「Excel で学ぶデータ分析本格入門」，SB クリエイティブ

Python（Pandas）を用いたデータ分析を学ぶ際に活用した書籍をいくつか挙げておきます。特にデータベースの前処理，データ分析の事例を学ぶ上で役立ちました。

[6]　下山輝昌，松田雄馬，三木孝行，「Python 実践データ分析 100 本ノック（第 2 版）」，秀和システム
[7]　下山輝昌，伊藤淳二，露木宏志，「Python 実践データ加工 / 可視化 100 本ノック」秀和システム
[8]　笹嶋宗彦（編），「データサイエンス入門（Python によるビジネスデータサイエンス第 1 巻）」，朝倉書店
[9]　中原孝信，「マーケティングデータ分析（Python によるビジネスデータサイエンス第 3 巻）」，朝倉書店

その他，参考になった書籍を掲載しておきます。

〈モデルとシミュレーション〉

［10］ 橋本洋志，牧野浩二，「Python コンピュータシミュレーション入門 人文・自然・社会科学の数理モデル」，オーム社

［11］ 松田雄馬，露木宏志，千葉彌平，「AI・データサイエンスのための図解でわかる数学プログラミング」，ソーテック社

〈統計学の理論〉

［11］ 稲垣宣生，「数理統計学 (改訂版)」，裳華房

［12］ 松井秀俊，小泉和之，「統計モデルと推測（データサイエンス入門シリーズ)」，講談社

［13］ 小島寛之，「完全独習　統計学入門」，ダイヤモンド社

［14］ カイザー・ファング(著)，矢羽野薫(訳)，「ナンバーセンス ビッグデータの嘘を見抜く『統計リテラシー』の身につけ方」，CCC メディアハウス

索 引

■ 著者プロフィール

名塩 隆史（なしお・たかし）

1981 年東京都出身。

東京大学理学部数学科卒業，同大学大学院数理科学研究科修士課程修了，同大学大学院教育学研究科修士課程修了，博士課程中退。

2022 年 3 月に高校情報科の教員免許を取得。同年度 4 月より高 2 高 3 生の通常の数学の授業の傍ら，情報・理数科 (情報Ⅰ・理数探究) の授業の兼任を開始。

大学入試および高大接続を意識した数学の授業・教材開発と同時に，Python と表計算でのデータ分析を主とした授業・教材開発に力を入れている。

聖光学院中学校高等学校数学科・情報科教諭

Google スプレッドシート /Excel で学ぶ
高校情報Ⅰ× 数学 × 探究授業・大学入試対策のための
中高生からのデータサイエンス

2024 年 3 月 20 日　　初版第 1 刷発行

著　者	名塩 隆史
発行人	石塚 勝敏
発　行	株式会社 カットシステム

〒 169-0073 東京都新宿区百人町 4-9-7　新宿ユーエストビル 8F
TEL（03）5348-3850　　FAX（03）5348-3851
URL　https://www.cutt.co.jp/
振替　00130-6-17174

印　刷　三美印刷 株式会社

本書に関するご意見、ご質問は小社出版部宛まで文書か、sales@cutt.co.jp 宛に e-mail でお送りください。電話によるお問い合わせはご遠慮ください。また、本書の内容を超えるご質問にはお答えできませんので、あらかじめご了承ください。

Cover design Y.Yamaguchi　　© 2024 名塩隆史
Printed in Japan　ISBN978-4-87783-610-8